时刻关注

二战经典战役纪实

决战库尔斯克

THE DUEL ON KURSK

二战经典战役编委会·编译

中国铁道出版社有限公司
CHINA RAILWAY PUBLISHING HOUSE CO., LTD.

第二次世界大战是人类有史以来最大的一次军事冲突。它持续了 6 年之久，席卷了全球五大洲，造成了 5,000 万人的死亡及数以亿计的经济损失。其间，它不仅见证了一些帝国的兴盛和衰亡，而且也见证了一些单一民族遭受分裂和新强权的产生。作为 20 世纪最具影响力的历史事件之一，第二次世界大战对我们的影响至今在世界各地仍随处可见。

第二次世界大战中，东线战场的战斗不仅规模罕见而且极其惨烈。1941 年 1 月，希特勒下达开始"巴巴罗萨"行动的命令后，138 个师的德军铁蹄踏入苏联，开始了这场史无前例的侵略战争。而四年之后，当红军的旗帜在柏林上空飘扬时，已经有大约 200 万的德国士兵和 1,100 万的苏联士兵在战争中丧生。而在这些大大小小的战役中，如同斯大林格勒战役一样，库尔斯克战役等字眼至今仍深深地烙印在人们的记忆中。

人们之所以能够对发生在库尔斯克的那场战役念念不忘是有原因的。一方面，就规模、激烈程度而言，它居于第二次世界大战中最大的会战之列。拥有当时最现代化技术兵器的苏德双方在一块面积不大的土地上展开了激烈的交锋。交战双方共投入 400 多万人，69,000 多门火炮和迫击炮，13,000 多辆坦克和自行火炮，以及 12,000 余架作战飞机。作为机械化战争中最雄壮的一幕，库尔斯克会战中的金属大撞击，最充分地展示了"战争钢铁力量"。

另一方面，这场会战也是一场空前惨烈的会战。其中，德军的损失尤为惨重。参加库尔斯克会战的 20 个坦克师和摩托化师中，7 个师被歼，其余都遭到重创。德军损失官兵约 50 万人、坦克 1,500 辆、飞机 3,700 余架、火炮和迫击炮 3,000 门。之后，法西斯德国已经无力完全弥补这个损失。

最后，作为"二战"中的重要作战阶段，库尔斯克会战具有里程碑意义。它对于 1943 年苏德战场战事的进程和结局，都具有十分重大的意义。它不仅为苏军的总攻创造了条件，并且对之后第二次世界大战的进程产生了巨大的影响：它削弱了德

国对法西斯集团各国的影响，提高了苏联的威望，促进了各国人民争取自由与独立的斗争，并影响到英美等国的态度等。

如今，60多年过去了，人类已经进入了21世纪。然而，当我们沐浴着新技术革命的曙光，奔向灿烂未来的时候，我们却发现，战争的幽灵并没有走远，和平的愿望仍旧可能随时遭到践踏。

确实，两次世界大战结束后，尽管全球性战争尚未发生，但局部战争和地区冲突却此起彼伏，从未间断。从朝鲜半岛到越南密林，从海湾港口到阿富汗山区，到处火光冲天、硝烟弥漫。有资料显示，在第二次世界大战结束后的几十年里，世界上共发生各种局部战争和武装冲突180场以上，造成的生命和财产损失更是已远远超过了两次世界大战。

回顾历史是我们不可推诿的责任，而了解军事斗争历史，寻找战争与和平的内在规律，更是兵家学者及一切爱好和平人士的共同心愿。特别是当今世界，随着以信息技术为核心的高新技术在军事领域的广泛应用，新军事变革风起云涌，不少国家凭借其军事上的高科技优势，已经悄然挑起了一场以质量建设为核心的新一轮世界军备竞赛。在这种情况下，我们更没有理由忘记过去，更没有理由对潜在的战争阴影盲目乐观，掉以轻心。

作为"二战"系列战役中的一个，库尔斯克会战有着其独特的魅力。

成千上万辆坦克和自行火炮汇集成钢铁巨流，展开了一场撼天动地的金属大撞击。发动机的轰鸣声和履带的滚动声令人惊胆战，炮弹、炸弹的爆炸和坦克的吼叫使大地流血呻吟……

这是人类历史上规模最大的一次坦克交战，是对"机械化战争就是打钢铁"这句话的最好印证。

本书从斯大林格勒会战之后的苏德战场入手，以库尔斯克会战的客观进程和时间顺序为线索，中间插叙了苏德战场上的大量史实。用纪实的笔法、以全景扫描的方式对库尔斯克会战进行了介绍。不仅展现了苏德战场及库尔斯克会战的壮阔画卷，而且也提供了库尔斯克会战前后双方决策的细节；不仅汇集了大量散见于各国军事档案中的珍贵史料，而且也披露了不少鲜为人知的内幕秘闻。

战役备忘 | 决战库尔斯克
The Duel on Kursk

斯大林 | Joseph Stalin

如果斯大林格勒战役预示着法西斯德国军队的没落，库尔斯克会战则使它遭到了灭顶之灾。德国人真聪明，竟然以潜艇下最大的赌注。

朱可夫 | Georgy K. Zhukov

在库尔斯克会战的反攻阶段首次广泛使用了坦克和机械化兵团和军团。在很多情况下，它们是实施战役机动的决定性因素，是迅速向纵深发展胜利和进入敌军集团后方的手段。

罗斯福 | Franklin Roosevelt

在一个月的大战中，贵国的武装力量以其高超技能、英雄气概、忘我精神和顽强意志，不仅阻止了德军策划已久的进攻，而且开始了具有深远影响的胜利反攻……

古德里安 | Heinz Guderian

由于"堡垒"进攻战役的破产，我们遭到了决定性的失败。如此千辛万苦补充起来的装甲部队，由于人员和技术兵器损失惨重，长期内无法作战……主动权最终转入苏联人手中。

★ 战争结果

库尔斯克会战，是人类战争史上规模最大的一次坦克交战。苏军共击溃德军 30 个精锐师，德军损失官兵约 50 万人、坦克 1,500 辆、飞机 3,700 余架、火炮和迫击炮 3,000 门，德军奥廖尔基地和别尔哥罗德-哈尔科夫基地均被清除，德军的进攻企图被彻底粉碎，把德国法西斯推到了覆灭的边缘。

★ 战役之最

a."二战"规模最大的坦克战，也是投入新技术兵器最多的一次战役。b.苏德战争真正意义上的转折点。c."二战"中苏德双方坦克损失最为惨重的战役。

★ 作战时间
1943 年 7 月 5 日至 8 月 23 日。

★ 作战地点
苏德战场库尔斯克突出部。

★ 作战国家

苏 联
　　苏军参加会战的有中央方面军、沃罗涅日方面军、草原方面军等 6 个方面军。仅在会战开始之前，中央方面军和沃罗涅日方面军就有 133.6 万人、火炮和迫击炮 1.9 万余门、坦克和自行火炮 3,444 辆、飞机 2,172 架。

★ 作战将领

罗科索夫斯基 |
Konstantin Rokossovskii

　　苏联元帅。苏德战争时期，历任机械化军军长、集团军司令员和布良斯克方面军、顿河方面军、白俄罗斯方面军、白俄罗斯第 1 和第 2 方面军司令员。参与指挥过斯摩棱斯克战役，莫斯科、斯大林格勒战役和库尔斯克会战，显示出卓越的指挥艺术和统帅才能。

德 国
　　德军投入了中央集团军群第 9、第 2 集团军，南方集团军群第 4 装甲集团军和"肯夫"兵团。集中了苏德战场 70% 的装甲师和 65% 以上的作战飞机，总兵力达 90 余万人，火炮和迫击炮约 1 万门、坦克和自行火炮 2,700 辆、飞机 2,050 架。

莫德尔 | Walter Model

　　德国元帅。1941 年率部参加苏德战争。10 月任第 41 装甲军军长。1942 年 1 月接任第 9 集团军司令。1943 年率部参加了库尔斯克战役。1944 年 3 月晋升元帅，6 月兼任中央集团军群司令。8 月调任西线德军总司令兼"B"集团军群司令。1945 年 4 月所部在鲁尔战役中被围后，自杀身亡。有"防御之狮"和"元首的消防队员"之称。

★ 战争意义

　　此次会战，标志着苏德战争进程完成了根本转折，成为苏联卫国战争胜利的一个重要里程碑。德军从此完全丧失了战略进攻能力，全线转入防御；苏军则巩固了在战场上的战略主动权，为其展开战略总攻创造了条件。德国历史学家格利茨说：德国人在进攻过程中力量削弱了，然后耗尽了。"最后一批有进攻能力的兵团也燃尽了，变成了灰渣，德国装甲坦克兵的颈脖被扭断了。"

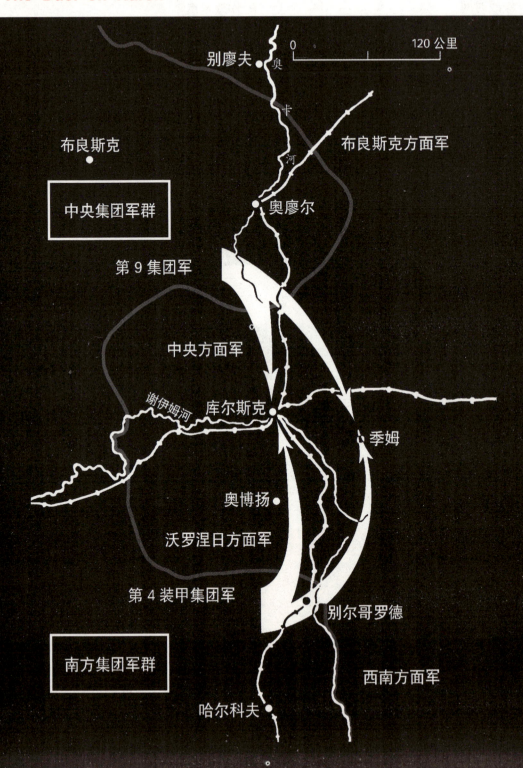

别廖夫

奥卡河

0　　　　　　　　　120 公里

布良斯克

布良斯克方面军

中央集团军群

奥廖尔

第 9 集团军

中央方面军

谢伊姆河

库尔斯克

季姆

奥博扬

沃罗涅日方面军

第 4 装甲集团军

别尔哥罗德

南方集团军群

西南方面军

哈尔科夫

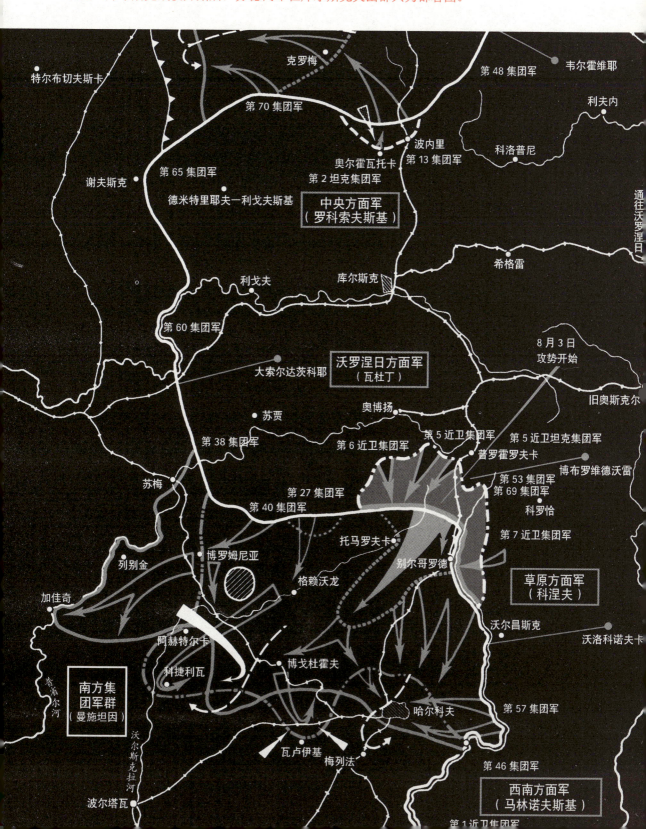

★左图：库尔斯克战役开始前，苏德两军在库尔斯克地区兵力部署详图。
★右图：库尔斯克战役开始后，苏德两军在库尔斯克突出部兵力部署图。

特尔布切夫斯卡

克罗梅

韦尔霍维耶

第48集团军

利夫内

第70集团军

科洛普尼

第65集团军

奥尔霍瓦托卡

波内里

谢夫斯克

德米特里耶夫—利戈夫斯基

第2坦克集团军

第13集团军

中央方面军
（罗科索夫斯基）

希格雷

利戈夫

库尔斯克

通往沃罗涅日

第60集团军

沃罗涅日方面军
（瓦杜丁）

大索尔达茨科耶

8月3日
攻势开始

苏贾

奥博扬

旧奥斯克尔

第38集团军

第6近卫集团军

第5近卫集团军

第5近卫坦克集团军

普罗霍罗夫卡

博布罗维德沃雷

苏梅

第27集团军

第53集团军

第40集团军

第69集团军

科罗恰

托马罗夫卡

第7近卫集团军

博罗姆尼亚

列别金

格赖沃龙

别尔哥罗德

草原方面军
（科涅夫）

加佳奇

沃尔昌斯克

沃洛科诺夫卡

阿赫特尔卡

科捷利瓦

博戈杜霍夫

南方集
团军群
（曼施坦因）

哈尔科夫

第57集团军

鲁布尔河

瓦卢伊基

梅列法

沃尔斯克拉河

第46集团军

西南方面军
（马林诺夫斯基）

波尔塔瓦

第1近卫集团军

目 录 | 决战库尔斯克

The Duel on Kursk

第一章　大战来临

斯大林格勒一役后，德军不仅损失惨重，而且丧失了在苏德战场上的战略主动权。面临政治和军事双重压力的希特勒渴望一场胜利，于是，他把目光投向了哈尔科夫战役形成的库尔斯克突出部，"堡垒"计划正式出台。一时间，库尔斯克突出部上空战云开始集结……

第二章　策划"堡垒"行动

"堡垒"计划制订以后，天气情况和德军高层内部的分歧，使计划的实施一拖再拖。希特勒深知"堡垒"作战计划的重要性，在失去突袭时机的情况下，他要求德军上下做好充分准备。于是，在下达"保卫帝国总动员令"的同时，希特勒甩出了手中的最后几张王牌——"豹"式、"虎"式坦克和"斐迪南"战车。在库尔斯克，希特勒投下了最大的赌注……

第三章　苏军的非常谋略

在德军秘密备战"堡垒"计划之时，"战场救火员"朱可夫元帅奔赴库尔斯克突出部……在战争史上，军事实力占优势的部队主动进行防御的情况非常罕见，但以朱可夫为代表的苏联军事家们却高瞻远瞩，创造性地提出了这一战法。同时，德军一再推迟"堡垒"作战计划更是让苏联赢得了宝贵的时间——苏军在库尔斯克突出部构筑了坚固的防御阵地。与此同时，斯大林的第95号命令使整个苏联的国家机器加大马力开动起来，围绕即将来临的战争，双方展开了军事经济生产竞赛……

第四章　抢夺制空权

为了"堡垒"计划，希特勒放弃了欣赏音乐的爱好，然而，战事的发展与他的身体状况一起恶化。与斯大林一样，希特勒意识到夺取空中优势是这场战争的关键，双方围绕战略制空权展开了一系列地争夺。然而，在空中较量中，希特勒又一次落了下风。不过，空中的激战并没有使双方放慢陆上大战的准备，火药味已经隐约可闻……

第五章　德国人开动了

经过几个月的推迟，希特勒终于将美国独立日定为发动"堡垒"计划的日子。与希特勒的信心十足不同，其激昂的战前训导却让克卢格和曼施坦因产生了"将要带领德国士兵赴死"的感觉。果不其然，苏联先发制人的火力反准备让德军吃尽了苦头。更令人失望的是，损失了大量希特勒寄予厚望的坦克，在库尔斯克突出部北部，德军仍然不能突破苏军的防线，莫德尔第9集团军被勒住了缰绳……

第六章　德军之"花"

与北部战线相比，德军之"花"在南部钳形攻势过程中似乎所向披靡。装备了大量新式坦克和自行火炮的党卫军坦克师——"帝国"师、"骷髅"师和"阿道夫·希特勒"师，艰难地突破了苏军的重重防线。普罗霍罗夫卡坦克大战，成为德军装甲兵这只天鹅临终前的美妙歌声。随着普罗霍罗夫卡坦克大决战的失败，德军苦心经营数月的"堡垒"进攻战役，彻底破产了……

第七章　左右为难

盟军在西西里岛登陆以及墨索里尼政权被推翻，迫使希特勒不得不重新考虑下一步的军事部署。希特勒错误地认为，"奄奄一息"的苏联无法在短时间内发动反击，在保持东线稳定的同时，他必须去支援那里已经左右摇摆的盟友。预备兵力告罄，希特勒不得不抽调与法西斯政治血缘最为密切的3个党卫军装甲师……

第八章　苏军发动反攻

7月12日，苏军发动了旨在夺取奥廖尔登陆场、摧毁德军第2装甲集团军的"库图佐夫"反攻行动。在这次行动中，苏联投入了5个方面军。经过37天的激战，莫斯科鸣响了庆功的礼炮。奥廖尔登陆场被戈培尔比做是刺向苏联心脏的匕首，在苏军毁灭性的打击下，这把匕首被击落了……

第九章　德军溃败

在"库图佐夫"战役打响的同时，朱可夫又在策划另一场大的反攻——"鲁缅采夫统帅"行动，可以预见，别尔哥罗德—哈尔科夫登陆场上将发生空前激烈的战斗。尽管苏军兵力上占有绝对优势，但狡猾的曼施坦因还是让苏联坦克部队吃尽了苦头。不过，哈尔科夫最终还是被收复了，这也是自"巴巴罗萨"行动以来，该城市第4次也是最后一次易手。当晚，莫斯科响起了庆祝的礼炮……

▲ 苏军炮兵正在将 76 毫米大炮转移到新的火力阵地上去。

第一章

大战来临

斯大林格勒一役后，德军不仅损失惨重，而且丧失了在苏德战场上的战略主动权。面临政治和军事双重压力的希特勒渴望一场胜利，于是，他把目光投向了哈尔科夫战役形成的库尔斯克突出部，"堡垒"计划正式出台。一时间，库尔斯克突出部上空战云开始集结……

No.1 失败的两线作战

1943 年初，春风吹起的时候，俄罗斯平原土斯克河和谢伊姆河汇流处的库尔斯克，似乎在一夜间就成了世界上最重要的地方。

这个人口只有 12 万人的小城，位于莫斯科南部 330 公里，遍布果树、麦田和甜菜，自 11 世纪以来，就一直是这一地带的中心。由于库尔斯克地下埋藏了大量的磁矿，致使地面上的罗盘指示乱七八糟，因此，风景毫无独特之处的库尔斯克尽管无法留住旅行者的脚步，但却吸引了大量的地质学家。

当然，这一次，吸引全世界目光的却并非"库尔斯克磁场效应"，而是库尔斯克突出部。

这一切要从斯大林格勒战役开始说起。

1942 年夏末，是阿道夫·希特勒最不可一世的时候。

在位于乌克兰维尼察附近的"狼穴"大本营里，希特勒面对着摊在面前的大比例尺地图，露出一丝狞笑。

▲ 在乌克兰的维尼察，希特勒陪同来访的墨索里尼观看被德军缴获的苏军坦克。

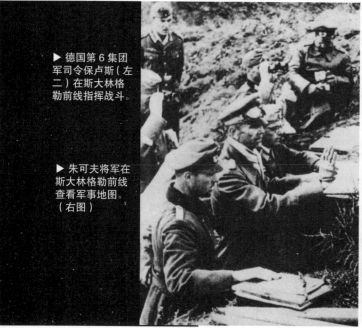

▶德国第6集团军司令保卢斯（左二）在斯大林格勒前线指挥战斗。

▶朱可夫将军在斯大林格勒前线查看军事地图。（右图）

的确，从地图上看，地中海已经成为轴心国的内湖，德国和意大利拥有北岸从西班牙直到土耳其的大部分地区，在南岸拥有从突尼斯到离尼罗河97公里的广大地区。事实上，德国部队现在守卫着北起北冰洋上挪威的北角、南到埃及、西至大西洋上的布列斯特、东至中亚细亚边缘的伏尔加河南岸这一片广大地区。希特勒所占领的地区，是相当惊人的。

尽管3个月前，莫斯科战役使希特勒首次尝到了失败的滋味，粉碎了他闪击速胜的企图。但是，希特勒仍旧没有把苏联人放在眼里，而是把那场战役的失败归咎于"上帝之手"的帮助——严寒的突然降临。

莫斯科战役削弱了德军的战斗力，但还没有严重到削弱希特勒野心的程度。在他看来，只受了些皮外伤的纳粹德军，仍有足够的力量对付苏联这个他眼中的劣等民族。同时，莫斯科战役之后轴心国进展顺利的军事行动更是让希特勒信心十足。

几个月来，德国的潜水艇平均每个月在大西洋击沉70万吨的英美船只，美国、加拿大和苏格兰的造船厂就是开足马力加紧生产，也弥补不上这个损失。在这种情况下，即便是希特勒为了早日结束在苏联的战事，大大削减西线的兵力，英美部队也不能在英吉利海峡进行哪怕是小规模的登陆。

更让希特勒高兴的是，德国情报部门的一份报告说：苏联在整个前线的后备力量都已经消耗殆尽。希特勒对这份报告的准确性深信不疑，觉得苏联在他眼中已经是一个"不怕封锁的生存空间"，用不了多久，便可以迫使英美达到"可以谈和的程度了"。

于是，被胜利冲昏头脑的希特勒做出了一个狂妄的决定，下达了陆军第45号指示，要求德军同时进攻斯大林格勒和高加索的产油区。事后的历史证明，这个犯了兵家大忌的两线作战的决定，最终导致了德国军队有史以来最为丢脸的失败。

许多将领对这一决定持反对意见，认为德国缺乏人力、枪炮、坦克、飞机和运输机等各种资源来实现希特勒执意要达到的目的。一意孤行的希特勒没有听进下属的意见，他认为，斯大林格勒位于伏尔加河流域，靠近伏尔加河与顿河交界处。作为一个重要的战略和工业中心，斯大林格勒是防御它背面顿河盆地的重要煤矿的关键所在。打击苏联的工业心脏，使这个国家的工业生产停滞，苏军的坦克就再也不能开动起来。那时，德军就能所向披靡，最终征服整个苏联。

于是，为推行他的强硬计划，希特勒撤了参谋总长哈尔德和陆军元帅李斯特的职。

负责主攻斯大林格勒的是德国"B"集团军群，其主力是第6集团军和第4装甲集团军。保卫斯大林格勒的是斯大林格勒方面军下属的第62、63、64和第21集团军。

7月17日，德军开始以优势兵力猛攻苏军的前沿阵地，激战1个月后，部分德军突破了苏军的顿河防线。8月8日，德军已经占领了苏联年产250万吨石油的迈科普油田。8月21日，纳粹党旗已经插在高加索的最高峰——布鲁斯山头上。两天之后，保卢斯的第6集团军已经抵达斯大林格勒正北的伏尔加河一带。8月25日，克莱施特的装甲部队已经进驻莫兹多克，距格罗兹尼的苏联最大产油中心只有80公里，距里海也只有161公里。

逼近斯大林格勒的德军开始对这座城市狂轰滥炸，投下的炸弹有一半是燃烧弹。满城一片火海，百里之外都能看见。

在这紧急关头，苏联国防委员会任命格里戈里·朱可夫大将为最高统帅助理，负责斯大林格勒保卫战。

9月初，德军从西南方向发起了猛攻。到9月4日，德军抵达了斯大林格勒的外围。保卢斯的第6集团军正从容地逼向这座城市以确保一次历史性的大胜利。

在德国，希特勒极有信心地对外宣布斯大林格勒战役已经赢了。

然而，希特勒又一次忽略了苏联的抵抗能力，特别是轻视了格里戈里·朱可夫将军的军事才能。

这位在危难时刻受命于斯大林格勒防御工作的老兵，曾花了大量的时间来研究德国的军事战略战术。早在上任之初，在视察了前线作战之后，朱可夫就得出了一个结论：以现有的

▶ 苏联士兵在坦克的掩护下发起反攻。

兵力和部署不可能突破德军的战斗队形并消除其走廊。要赢得战役的胜利，应当继续积极防御疲惫德军，同时着手准备反攻，围歼斯大林格勒地区的德军。

同时，朱可夫还注意到德国步兵是如何依赖德国空军的空中支援的，德军每次进军前，空军总是先到敌人前线去扔炸弹以"软化敌人"，从而让坦克和步兵能跟上前去。朱可夫意识到对付这种战略最好的办法就是"跟敌人靠得尽可能地近"，并诱使德国步兵进入极短的射程内，这样德国空军就因为担心炸到自己人而不再攻击了。但这样也将付出一个可怕的代价，这意味着跟德国人的战斗要在斯大林格勒的大街小巷里进行。

从 9 月 13 日开始，苏德双方展开了更为残酷的市区争夺战。

当时，希特勒直接投入市区战斗的兵力有 13 个师。斯大林格勒方面军虽拥有 6 个集团军，但每个师都严重缺员，防守市区的苏军仅为 9 万人。但苏联士兵个个视死如归，进行了顽强地抵抗。

朱可夫组织了高度机动的"暴风队"，尽管每一队的人数不多，但都配备手榴弹、机关枪和反坦克炮等武器，能够闪电般地攻击德国人，并随后消失在瓦砾碎石后面。

此时，德国的坦克倒显得大而无用了。在窄窄的街道上，当它们身后或侧面受到攻击时，很难迅速地调头。加之枪炮缺乏仰升装置，无法向建筑物上方的目标开火，而在那里，苏军的反坦克炮正向它们瞄准。同时，苏联隐藏的狙击手们，也经常神出鬼没地向德军射击，打得德军心惊胆战。

于是，全市的街道和广场都变成了激烈的战场。为了争夺一个街区、一条街道、一幢房屋，甚至一层楼或一个房间，双方都会展开反复的争夺。大部分时间，交战双方靠得非常近，以至于彼此可以隔街对骂。有时，一次战斗连续几天都围绕着有着战略意义的建筑展开，经常出现战斗前阵地还在自己手里，战斗后已属于对方暂管的情况。第 1 火车站在 1 周之内曾 13 次易手，而巨大的巴里卡迪和克拉斯尼·奥克亚布拖拉机厂，因为对这一地区起着主导性作用，炮火更是整整燃烧了 3 周之久。

战斗的残酷可想而知，瓦砾废墟上横七竖八地躺满了丢弃的尸体。对此，一名德国军官写道："斯大林格勒不再是一座城市，而是一个杀人炉灶。""这里的街道不再是用米来计算，而是用尸体来计算。"

就这样，在 1942 年秋天和冬天里，朱可夫的部队顽强地守卫着，使得德军在斯大林格勒每前进一步都要付出极大的代价。至 11 月上旬，德军虽已占领城市的大部分，但始终攻不下苏军的各个防御点。顽强的苏军一直牢牢地守卫着伏尔加河西岸的狭长地带。尽管德军损失了近 70 万人和大量的武器装备，希特勒始终不能完全占领斯大林格勒。

◀德军士兵正穿过面目全非的斯大林格勒拖拉机厂。

在双方进行激烈的市区争夺战期间，苏军最高统帅部在9月中旬就已经制定出斯大林格勒战役的反攻计划，并开始积极准备。

根据计划，苏联参加反攻的兵力有斯大林格勒方面军、顿河方面军和新组建的西南方面军，共有110万人，配有新式Ｔ－34坦克和威力强大的"喀秋莎"火箭炮。当时，德国"B"集团军群虽然也纠集到80个师，近100万人，但掩护其南翼的是罗马尼亚第4集团军，掩护其北翼的是罗马尼亚第3集团军、意大利第8集团军和匈牙利第2集团军。这些仆从国军队装备较差，战斗力较弱。因此，苏联在兵员、大炮和坦克的数量方面都占有优势。

1942年11月19日凌晨，在斯大林格勒的西北方向，西南方面军的2,000门大炮开始轰鸣，斯大林格勒战役的反攻阶段开始了。

当苏联军队发动反攻的消息传到伯希斯加登时，刚刚在慕尼黑发表了啤酒馆演说的希特勒和最高统帅部的主要将领们正在阿尔卑斯山的胜地流连忘返。

新任陆军总参谋长蔡茨勒将军的加急电话显然是扫了希特勒的兴致，而随后的战况更是令希特勒龙颜大怒。

苏军以坦克部队为先导，迅猛冲向罗马尼亚第3集团军的阵地。敌军惊慌失措，迅速瓦解。3天之内，苏军的34个师渡过顿河。之后，兵分两路，一路向西疾驰，直捣敌军的后方；另一路直奔德军的集聚点卡拉奇。并于11月23日晨占领该市。11月20日拂晓，斯大林格勒正南方向的斯大林格勒方面军也发起反攻，突破罗马尼亚第4集团军的防线而继续北上，于

11 月 23 日傍晚在卡拉奇与西南方面军会师，从而把斯大林格勒地区的敌军 22 个师约 30 万人合围了起来。

也就是在这一天晚上，德第 6 集团军司令保卢斯向希特勒发了一份无线电报，证实他的部队已经被苏军包围了。

希特勒立即回电，指示保卢斯把司令部迁入斯大林格勒城内，布置困守，由空运解决部队的给养问题。

但是，希特勒的话等于白说。被苏军切断退路的有 20 个德军和 2 个罗马尼亚师，每天空运物资至少 750 吨。在这种风雪交加的天气中，在苏联战斗机已经牢牢掌握制空权的情况下，这是根本完成不了的任务。何况，德军还缺少足够的运输机。

看来，比空投更为有效的办法是为第 6 集团军解围了。11 月 25 日，希特勒把冯·曼施坦因元帅从列宁格勒前线调回来，委任他担任新建"顿河"集团军群司令，从西南向前推进，为第 6 集团军解围。

但希特勒并没有听从曼施坦因的建议——第 6 集团军从斯大林格勒向西突围。曼施坦因以第 4 装甲集团军为前锋，向东北进攻，夹击处于两支德军之间的苏联军队。希特勒不同意从

▼ 苏军的 T-34 坦克集结待命，随时准备向德军发起反击。

▲ 德国士兵正在搜索一片废墟。

伏尔加河撤退，要求第6集团军必须留在斯大林格勒。这也就意味着曼施坦因必须杀开一条血路，打到斯大林格勒。

12月12日，曼施坦因的"顿河"集团军群开始沿铁路线北上，不顾重大伤亡，向斯大林格勒方向冲击。但是，另一支以450辆坦克为先导的苏联大军，于12月16日从马蒙附近发起新的攻势，它粉碎意大利第8集团军之后，南下直插敌"顿河"集团军群的后方。曼施坦因发现自身难保，便于12月23日停止北上，开始后撤。这样一来，希特勒的解围计划彻底破灭，而被围德军第6集团军成了瓮中之鳖。

此时，苏联严冬的寒风已经袭击了南部草原，到处积雪成堆，气温也降到零度以下，被围德军的处境已十分狼狈。他们的坦克因缺少燃料不能开动，大炮缺少炮弹，马匹被宰食精光，喝的只有雪水。人人忍着饥饿、严寒和苏军炮火的轰击，蜷缩在战壕里，等待灭亡的命运。

1943年1月8日早晨，3名苏军青年军官带着一面白旗，进入了德军防线，把一份最后通牒交给保卢斯，要求德军投降。这份通牒中的条件是体面的：所有被俘人员一概发给"通常标准的口粮"，伤病员和冻伤人员将得到医治，所有被俘人员可以保留他们的军衔、勋章和个人财物。通牒还要求保卢斯在24小时内给予答复。

然而，希特勒立即驳回了保卢斯的投降请求。

　　于是，24 小时之后，1 月 10 日，苏军用 5,000 门大炮对德军阵地进行了猛烈的轰击，展开了斯大林格战役的最后阶段。数天之内，包围圈缩小一半。1 月 26 日，包围圈被切成南北两块：保卢斯为首的 9 个师被困在市中心，另 12 个师在北部工厂区。

　　与外界失去联系的保卢斯还在艰难地执行着希特勒的命令"不许投降。第 6 集团军必须死守阵地，直至最后一兵一卒一枪一弹。他们的英勇坚持对建立一条防线和拯救西方世界将是永世难忘的贡献"。

　　然而，在苏军攻势下，保卢斯再也坚持不下去了，第 6 集团军的光荣和痛苦很快就要结束了。

　　1 月 30 日，保卢斯电告希特勒："最后崩溃不出 24 小时之内。"果然，第二天傍晚，苏联军队进入了第 6 集团军司令的地下室，保卢斯接受了投降要求。

　　北部工厂区的德军坚持的时间稍微长一点，到 2 月 2 日中午，这支部队也投降了。

　　2 月 2 日下午 2 点 46 分，一架德国侦察机在城市高空飞过，发回电报说："斯大林格勒已无战斗迹象。"至此，冰雪满地、血肉模糊、屠场似的战场终于沉寂下来。

　　然而，后续战斗并没有结束，库尔斯克突出部就是在之后的一系列争夺中展露出来的。

No.2 "星"行动的失利

斯大林格勒激战正酣之际，苏军一方面加紧对斯大林格勒城内德军的包围，另一方面对防线破碎的德军南翼展开了大举反攻。

1943年1月13日，苏联沃罗涅日方面军攻击并毁灭了匈牙利第2集团军和意大利亚尔平军，在短短15天内苏军俘房了8万人，突破轴心国防线正面150公里，并向西前进了约100公里。受此战和斯大林格勒战役胜利的影响，在同一时间，苏联最高统帅部计划以沃罗涅日方面军和西南方面军对德军发动一个联合攻势。由西南方面军从斯塔罗贝尔斯克向东南进攻，把德国"顿河"集团军群切断在顿巴斯盆地中，行动代号为"骏马奔驰"；稍后，沃罗涅日方面军也将发动自己的进攻，目标是夺取哈尔科夫，代号为"星"。

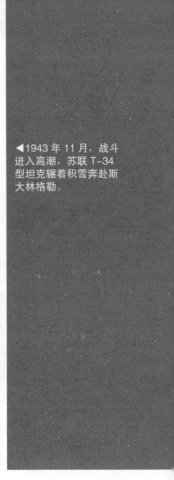

◀1943年11月，战斗进入高潮，苏联T-34型坦克辗着积雪奔赴斯大林格勒。

▲ 德国元帅曼施坦因。

▲ 希特勒在前线接见曼施坦因。

　　为了执行这一计划，苏联在其进攻的正面集结了大量的兵力，其中西南方面军投入了第6、第1近卫军、波波夫机械化集群、第3近卫和第5坦克集团军共325,000人，坦克325辆。其进攻对象是德军兰斯集群的第1装甲集团和霍立德兵团，共160,000人，100辆坦克。沃罗涅日方面军则投入了第40、第69、第3坦克集团军，共21,000人，615辆坦克，其对手是兰斯集群的主力，第1党卫军装甲军的两个师——"阿道夫·希特勒"师和"帝国"师，共70,000人，200辆坦克。

　　进攻初期，在兵力上占有绝对优势、士气高涨的苏联军队打得非常顺手。西南方面军的波波夫机械化集群于2月初成功地越过顿涅兹河，2月12日抵达德军的后方重镇克拉斯诺伏斯克，2月19日，苏军逼近了查波罗齐——德国南方集团军群总部所在地。当时，纳粹党魁希特勒本人就在那里。沃罗涅日方面军尽管在一开始遭到了正面德军的顽强反击，但对侧后方德军实施包抄后，情况发生了变化。2月16日，沃罗涅日方面军攻占了苏联第四大城市哈尔科夫，德军节节败退。

　　然而，此时，受到一连串胜利鼓舞的苏军忘记了一个可怕的对手——冯·曼施坦因元帅。

　　曼施坦因元帅也许是德军最能干的将军，他在1940年拟定了西线作战计划，在短短6个星期中攻陷了法国，并于1942年夏天一举拿下了苏军席巴斯托波尔要塞。尽管在斯大林格勒战役中，曼施坦因没有能够挽救被困的德第6集团军，但这丝毫没有影响他那缜密的军事部署。

　　在他看来，要想在苏军猛烈炮火的攻击下保存实力，只有实施机动防御，等苏军超过补给线之后，再对那些陷入孤立无援状态的苏军进行截击。

　　于是，曼施坦因下令德军全线撤退并伺机集结。

曼施坦因知道,这种先行撤退的战术自 1941 年莫斯科和罗斯科夫战役失利以来,就一直不为希特勒所信任。为了能够按照自己的想法执行计划,曼施坦因做好了被希特勒撤职的最坏打算,电告德陆军总部:除非在一定期限内收到特别命令,否则他将行使自行裁夺的权力。

按照曼施坦因的计划,军队将撤至米斯河防线,在顿巴茨地区进行集结,同时调遣法国境内的军队移师乌克兰。完成部队集结后,部队再从北、东两个方向发动反击,夺回失守的哈尔科夫。在这一过程中,为了诱敌深入,有许多地方必须放弃。

在苏军看来,一切都在按计划进行,但他们所不知道的是,他们已逐渐陷入了曼施坦因精心布置的陷阱中。

曼施坦因成功的撤退不仅迷惑了苏联沃罗涅日方面军,而且使希特勒对他的计划产生了怀疑。2 月 27 日,希特勒亲自造访了曼施坦因位于札波罗结的指挥部。

在希特勒踏进指挥部之前,曼施坦因就已经注意到这位总指挥脸上密布的阴云以及压抑不住的怒火。

果然,希特勒用他那特有的沙哑嗓音开口了:

"曼施坦因元帅,我想问一下我对你这次计划的支持是否令你满意呢?"希特勒的口气中充满着不满。

曼施坦因还没有来得及解释,希特勒的声音便骤然提高了许多:

▼ 德军士兵正准备发起进攻。

"你要求增援，我便从法国抽调了十几个师。现在，这些师已经陆续抵达，为什么你现在还是除了撤退就是按兵不动呢？"

"我要求你们马上行动！"希特勒搬出了他的口头禅，要求曼施坦因立刻开展收复哈尔科夫的正面攻势。

对于希特勒的责问，曼施坦因早有准备。这位对最坏结果做了充分准备的将军并不害怕希特勒的淫威，也许他比希特勒在这件事情上更加清楚、也更加明白纳粹德国的处境吧，德军目前实在没有实力可以贸然牺牲了。

"元首，"曼施坦因缓缓地开了口，"我想我还是再次向您汇报一遍我的计划吧。"

曼施坦因领着希特勒来到挂在一面墙上的作战地图前面。

"以我们目前的兵力和战斗力情况，我们要做的是以撤退来拉长苏军的补给线，在苏军的兵力拉长以后，我将以精锐的第1党卫装甲军为主力，首先击破苏联的西南方面军，然后再向北转，击破沃罗涅日方面军。"

"而为了达到这一目的，我们必须让苏军相信，我们已经没有还手之力、溃不成军了。在完成我们的部队集结之前，我们必须放弃一些甚至是更重要的地方。"

"必须放弃！"曼施坦因再次强调说。

"目前，我们的第1党卫军'阿道夫·希特勒'装甲师和'大德意志'装甲掷弹兵师已经拖住了苏联沃罗涅日方面军，尽管我军将士伤亡很大，但他们已经做了艰苦的努力。"

"而在2月20日，我就已经组织南北两个集团对苏联西南方面军发动了反击。您是知道的，北集团由第2党卫军'帝国'装甲师和第3党卫军'骷髅'装甲师组成，南集团由第48装甲军承担。"

希特勒的面部神情稍微舒展了一些。

"目前，苏军正紧随我们一路南下。据我们的情报，苏军已经损失了相当一部分的装甲车辆，而且已经超过了补给线。"曼施坦因继续汇报说，"我们只须首先击破苏联的西南方面军，再向北转，对沃罗涅日方面军发动进攻，到时候收复哈尔科夫将指日可待。"

"还有一个好消息，在我们进攻西南方面军时，苏联最高统帅部下令把沃罗涅日方面军左翼的第3坦克和第69集团军转交给了西南方面军。对我们而言，苏军这样做不仅无法挽救其西南方面军，而且还将大大缓解我们击败沃罗涅日方面军的压力。"

曼施坦因的计划终于得到了希特勒的首肯。面对这一计划，希特勒似乎从痛失第6集团军的伤痛中恢复过来了，他在札波罗结的指挥部继续呆了两天，了解了详细的作战计划后心满意足地飞走了。

形势果然像曼施坦因预测的一样。

3月2日，苏西南方面军受到了重创，波波夫机械化集群遭到了毁灭。在击败苏西南方面军后，德军主力挥师转北。此时，负责攻击德军左翼的沃罗涅日方面军的第3坦克集团军立刻陷入包围之中，到3月5日，除了第6近卫骑兵军以外，基本被消灭。

万事俱备，只欠东风，曼施坦因发动哈尔科夫攻势的时间到了。

3月6日，德军开始了对哈尔科夫的进攻。失去左翼保护、超越补给线并连年征战没有及时修整的沃罗涅日方面军立即被打得措手不及，被迫放弃哈尔科夫。3月14日，纳粹旗帜又重新插在了哈尔科夫城里。苏联的"星"计划到此以失利告终。

哈尔科夫战役中，苏德双方都蒙受了重大损失，沃罗涅日方面军阵亡和失踪的人数达100,694人，伤139,336人，损失坦克和自行火炮1,345辆，大炮5,291门，飞机417架。而德军仅第1党卫装甲军就损失了12,000人。

而德军在哈尔科夫战役中之所以未能歼灭苏军，就是由于装甲兵力严重不足，事实证明，

▼ 德军半履带式装甲车在泥泞的路上行驶。

当第一线的机械化部队突破敌人防线过程时，其本身也会被严重削弱，如果这时没有第二线的机械化部队投入，就无法有效地扩大战果。因而德军只能击溃苏军，而无法像战争初期那样大量地歼灭苏军了。

夺取哈尔科夫，只是曼施坦因雄心勃勃计划中的一部分。哈尔科夫得手之后，曼施坦因命令德军继续前进，以期在春季融雪期之前，占领更多的据点，稳住并进一步扩大南部战线。

为了防止纳粹扩大防线，苏联最高统帅部不得不暂时中止了计划中在列宁格勒的进攻，把第1坦克集团军南调，并将第21和第64集团军火速从斯大林格勒调往前线，并投入了西南方面军和弗罗尼兹方面军的预备队——第2和第3近卫坦克军和步兵第206、167、113师。

曼施坦因就没有这样幸运了，由于没有新的装甲部队补充，德军在哈尔科夫战役之后就已经疲惫不堪了，加上战损和低落的士气，曼施坦因不得不停止了攻击。随着春季融雪期的到来，泥泞的道路阻止了大机械化军团的前进，苏德双方都停止了进攻。自此，整条战线就形成了一个以库尔斯克为中心的突出状态。

突出部也叫弧形地带，就是突入敌方战线的一部分。一方面，突出部在进攻时是有利的出击阵地，可左右开弓打击敌人；另一方面，在防御时却会因两翼暴露而容易被敌方从根部切断而陷入敌人的包围圈中。

在地图上，库尔斯克突出部就像伸入德军防御线的一个巨大的拳头，对德军防线构成严重的威胁。

库尔斯克突出部自然成为两军未来争夺的焦点。

No.3 "堡垒"作战计划

重新夺取哈尔科夫给希特勒打了一支强心剂。

的确，斯大林格勒战役的失利，使德军士气降到他们进入苏联战场以来的最低点。德国军队已经不再是无敌的了，德军也同样要面临失败的命运，一股悲观的氛围慢慢在德军将士中间蔓延开来。

希特勒此时也开始有了战败的梦魇，经常在睡眠中被惊醒。在"巴巴罗萨"计划中，他曾傲慢地以为征服苏联人只需要3个月的时间，而现在，曾一度强大的"不可战胜"的德军面临着被苏联人打败的命运。

对希特勒来说，比斯大林格勒战役失利更无法让他忍受的是保卢斯的投降。就在保卢斯投降的同一天，他还授予保卢斯陆军元帅军衔，希望保卢斯不要屈服。希特勒想不通，为什

▼希特勒在"狼穴"大本营将目光投向库尔斯克突出部，制订了"堡垒"作战计划。

么保卢斯不愿意为荣誉而死，为什么不宁愿战死或自杀。对此，希特勒不止一次地抱怨："这么多战士的英雄主义事迹因为一个简单而平庸的怯懦者的行动而黯然失色。"

希特勒更想不通的是，他的军队为何能够被他一向认为低劣的斯拉夫人打败。因为希特勒一直认为，犹太人和斯拉夫人都是劣等民族，这些人根本无权活在世上。当然，部分斯拉夫人，给德国主子做奴隶、耕耕地、开开矿，也许还有点用处。

为了反思斯大林格勒战役失败的原因，希特勒一连好多天都躲在"狼穴"里闭门不出，他渴望一场胜利来证明自己的实力、提升部队的士气以及在盟友中的威望。

哈尔科夫战役的胜利舒缓了希特勒的紧锁眉头，他把目光投向了库尔斯克突出部。

库尔斯克突出部的正面防线有 250 公里，其根部却只有 70 公里。德国中央集团军群控制了奥廖尔附近的突出部，南方集团军群仍占据着大部分的邓尼茨盆地。更为重要的是库尔斯克突出部两翼的根部分别是交通枢纽奥廖尔和别尔哥罗德，便于坦克机械化部队机动。这就为德军大规模集中使用坦克兵力从根部切断苏军突出部的兵力集团提供了地形上和战场态势上的有利条件。

希特勒敏锐地捕捉到了这一战机，眼睛里闪过一丝不易让人觉察的喜悦。

与此同时，曼施坦因也在酝酿德军 1943 年夏季的作战计划。他意识到德国在苏联已经陷入一场没有希望的消耗战中，随着时间的推移，苏联将以其天时、地利、人和的优势，在实力上压倒德国。避免这一噩运的唯一办法是在苏军的优势还不明显时，以一连串的歼灭战使苏军在人力和物力上"大出血"。只要这种损失大到苏联无法忍受，德国便有可能获得一个通过谈判而获得和平的机会。

在哈尔科夫战役即将结束的时候，曼施坦因的计划也已经初步成型了，可供选择的方案有两个：

一种方案被称为"反向"计划，即发挥内线作战的优势，继续引敌深入，再用东线广阔的战略纵深，伺机发动局部反击。这也是与哈尔科夫战役相同的战斗。这样做，可以使德军以较小的代价，最大限度地杀伤、俘获苏军，使其人力资源枯竭，最后逼使苏联像沙俄在 1917 年那样崩溃，或者接受对德有利的和约。

然而，这一方案也存在着其致命的弱点：一方面，这等于把战略主动权交给苏军；另一方面，在目前这一阶段，德军兵力已经严重不足，无法防守整条战线。

如果苏军在德军没有准备的方向发起反击，德军将溃不成军。更重要的是，采取这一方案，等待苏联的进攻，将大大推迟战争时间。而此时，德军是无法再等下去的。因为随着时间的推移，苏联的工业会提供越来越多的武器装备，苏军的战斗力也会越来越强。尽管英美出于自身利益的考虑，又一次背弃同盟国的义务，推迟了原定于 1943 年在欧洲开辟第二战场的承诺。但是，很明显，开辟第二战场是早晚的事情。到时候，德国将不可避免地陷入一场毫无胜利希望的两线战争中。

另一种方案被称为"正向"计划，也就是在有利的地区，通过主动进攻来歼灭苏军。

一开始，曼施坦因倾向于"反向"计划，这倒也符合他谨慎缜密的性格特点。然而，哈尔科夫战役的胜利使得德军从上到下又充满了信心，曼施坦因希望利用德军士兵士气高涨的时候，能够继续扩大战果，于是，"反向"计划就自然而然地被放弃了。

其实，早在哈尔科夫战役接近尾声时，曼施坦因就曾试图说服德国中央集团军群司令克卢格元帅派兵南下，以夹击撤退中的苏军，只是由于中央集团军群已经精疲力竭，实在抽不出兵力配合才未能实行。

很自然，曼施坦因的目标必然会选在库尔斯克突出部上。在他眼里，库尔斯克突出部是最理想的攻击目标。通过南北两翼的钳形攻击，可以切断整个突出部，并歼灭大量苏军。而这次战役一旦成功，必将大大缩短德军的战线，极大地提高德军部队的机动能力。

曼施坦因做出这样的计划是有原因的，他想当然地认为，在库尔斯克突出部的苏军都是从哈尔科夫战役中败退下来的残兵败将，没有多大战斗力。德军应该赶在他们恢复战斗力之前，把他们彻底消灭掉。况且德国目前尚具有这一军事实力。

曼施坦因的计划在德国军方上层引起了轩然大波，除了极个别人之外，绝大多数将领反对这一计划。

1943 年 2 月刚被任命为德国装甲兵总监的古德里安，对这一计划持强烈的反对意见。

◀ 德国元帅克卢格（左二）与手下一起研究作战计划。

▶ "狼穴"中的希特勒显然对他的"堡垒"计划充满了自信。

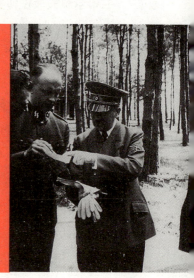

这位德军装甲部队的创建者在视察中发现，现在的德国装甲部队同以前相比简直不可同日而语，削弱到了无以复加的程度。1940年，古德里安建立的装甲师配备4个坦克营，共有坦克400辆，在1941到1942年，已经缩编到2个坦克营200辆坦克，而到了1943年春，整个东线18个装甲师只剩495辆坦克，平均每个师只有27辆坦克！

更让他不能容忍的是，不仅在数量，就是在质量上，德军的在役坦克也远远比不上苏联。当时德军的主力坦克是三号和四号坦克，已经被证明根本不是苏联T-34坦克的对手。虽然古德里安曾命令德国工业仿制苏联T-34坦克，但因发动机问题无法解决只能作罢。尽管德国已经研制出他们的新一代坦克——五号"豹"式坦克和六号"虎"式坦克，这两种坦克在质量上可以压倒苏联坦克，但是它们的产量却实在低得可怜，"虎"式坦克的月产量只有25辆，"豹"式坦克月产量也不超过50辆。更不用说"虎"式坦克和"豹"式坦克本身还存在着诸如笨重和易出故障的问题了。

古德里安认为，把数量如此之少的坦克投入到库尔斯克突出部战役中，无异于自投火海，他甚至建议在整个1943年，德军都应该采取守势。

然而，希特勒赞成曼施坦因的计划。

对希特勒来说，身为陆军总司令和国家元首，东线的攻守问题不仅仅是一个战略问题，更重要的是一个政治问题。斯大林格勒战役失利以来，他已经隐隐地感觉到轴心国内部出现了一些裂隙。只有采取主动进攻才能重新巩固"德军无敌"的神话，加强各盟国的向心力。而库尔斯克突出部正是攻击的最佳目标。

当然，对于发动这样一次进攻的胜算有多少，希特勒心里也没有底数。虽然希特勒算不上一位天才的军事家，但多年的军事经历让他产生了一些不祥的预感。面对古德里安的反对，他也曾承认："这一作战的每一个行动方案都会让我反胃。"但对希特勒而言，他似乎已经没有别的选择了。

希特勒的打算是这样的：从库尔斯克南、北面向突出根部实施向心突击，围歼苏军中央方面军和沃罗涅日方面军，而后向西南方面军后方突击。

1943年3月13日，希特勒签署了第5号作战命令。他命令新任陆军总参谋长蔡茨勒研究库尔斯克地区的军事形势，拟制可能的作战方案。

蔡茨勒对希特勒的决定大吃一惊，认为他的企图太大，而德军兵力不足。但是，蔡茨勒对希特勒非常了解，他不愿意充当希特勒宏伟计划的"绊脚石"。所以他除了表示服从之外，什么也没有说，立即投入了紧张的工作，希望尽快拿出让希特勒满意的计划来。

经过一段时间的忙碌，蔡茨勒完成了计划草案。而后，又拿着草案到德军最高统帅部各

◀朱可夫(右)和科涅夫(中)在库尔斯克前线。

▶德军"装甲兵之父"——古德里安。

机关并向战地高级指挥官征求意见。折腾了一个多月，正式的作战方案形成了。

经过一次又一次的讨论，希特勒终于说服了他的部下，把库尔斯克突出部作为在东方发动夏季战役的开端。德军将使用坦克部队在狭窄的地段上实施突然的密集突击，以达到歼灭苏联军队最强大的集团——中央集团和沃罗涅日方面军及苏军在库尔斯克突出部地域的战略预备队的主要目标。

4月11日，德陆军总部参谋长向希特勒提出这一计划的备忘录。在文件中，他建议由莫德尔上将的第9集团军和霍斯上将的第4装甲军团联手攻击库尔斯克突出部。

之后，密码代号为"堡垒"的作战计划于1943年4月15日，以6号作战命令的形式正式颁布了。

在命令中规定，"4月28日起，攻势可在陆军总部命令颁布的6天内发动"。也就是说，"堡垒"作战最早发动的日期是5月4日。

希特勒还要求：

"只要天气条件允许，我决定进行今年的首次进攻——'堡垒'作战。这是一个非常重要的作战行动，必须尽快击溃敌军，才能在今年的春夏作战中抢得先机。"

"所有的准备工作都必须全力以赴，务必精锐尽出，将士用命。要知道，在库尔斯克获胜，也就象征着又向征服全世界迈进了一步。"

为了确保这次行动的胜利，希特勒还特地挑选了两个他最信任的元帅来指挥这次战役：中央集团军群司令克卢格和南方集团军群司令曼施坦因。

与此同时，德军库尔斯克突出部战役的筹划和准备工作紧锣密鼓地开始进行了。

战争的阴云开始笼罩在库尔斯克突出部上空！

▲1943 年，在库尔斯克前线作战的德党卫军坦克师。

第二章

策划"堡垒"行动

　　"堡垒"计划制订以后，天气情况和德军高层内部的分歧，使计划的实施一拖再拖。希特勒深知"堡垒"作战计划的重要性，在失去突袭时机的情况下，他要求德军上下做好充分准备。于是，在下达"保卫帝国总动员令"的同时，希特勒甩出了手中的最后几张王牌——"豹"式、"虎"式坦克和"斐迪南"战车。在库尔斯克，希特勒投下了最大的赌注……

No.1 一再延期的进攻计划

按照曼施坦因的原计划，对库尔斯克地区的进攻要立即发动，以便使苏军措手不及。

而希特勒本人更是希望一场痛快淋漓的胜利，为他那些已经有些动摇的轴心国小弟兄们打上一针强心剂。确实，斯大林格勒战役失败以来，纳粹德国的淫威和影响力也明显在下降，在轴心国阵营中开始出现了政治危机和分崩离析的征兆——墨索里尼建议希特勒与苏联媾和，罗马尼亚要求单独同英美议和，芬兰要求退出战争，而匈牙利也在考虑摆脱战争的途径……

然而，希特勒很快就发现，"堡垒"作战计划根本无法按照原计划发动。

老天爷似乎一直在跟希特勒作对，1943年库尔斯克的春天姗姗来迟，直到三月末，天气才开始转暖，而绵绵的春雨下起来更是没完没了。连绵的雨季使得战场变得泥泞不堪，这种状况是很不利于德军大规模机械化兵团作战的。在希特勒眼中，这"该死的'泥神'"甚至比严酷的"冬帅"更令人可怕。

天气其实倒在其次，使希特勒不得不一次又一次宣布推迟"堡垒"作战计划的主要原因是：对于"堡垒"计划的可行性问题，在德军高级将领中一直存在较大的分歧。

◀德国第9集团军司令莫德尔上将（左）向手下指挥官下达作战命令。

◀莫德尔（右）与手下在交谈。

▲ 德军在库尔斯克新投入使用的"豹"式坦克。

5月3日，希特勒在慕尼黑召见参与"堡垒"作战的各个高级将领，讨论"堡垒"作战计划。出席会议的有克卢格、曼施坦因、蔡茨勒和古德里安。

在这个会议上，有一个德国高级将领出人意料地表达了对这次作战的不同意见，他就是担任德国中央集团军群主攻任务的第9集团军司令瓦尔特·莫德尔上将。

莫德尔行伍出身，他没有显赫的背景，既不像古德里安那样在军事学术上有着重大的成就，也不像曼施坦因那样才华横溢，更不像隆美尔那样有突出的个性，但他倔强、顽强，作战经验丰富。在顺利时，他从不会放弃机会，在碰到困难甚至绝境时，他所表现的顽强和犹如斗牛一样的执拗，使他成为一个非常难缠的对手。苏联的朱可夫元帅一生所打过的大仗、恶仗无数，而他所吃的唯一一次败仗，就是栽在莫德尔和他的第9集团军手下。

顺便提一下，在库尔斯克战役结束后，莫德尔接替了曼施坦因指挥苏德战场南部的德军，并升任德军元帅。莫德尔的声望在1944年8月于华沙城下挡住苏军的进攻而达到顶点，接着他被调往西线，9月，蒙哥马利元帅的"市场花园"计划就是被他挫败的。在德军即将战败的时刻，莫德尔元帅担任了德军西线总司令，他的军队被英美联军包围在鲁尔地区，而希特勒命令他战斗到最后一个人，作为一个军人，他应该服从命令，同样作为一个军人，他也深知投降的耻辱，但他也明白战争到了这个阶段，军人们再怎样付出牺牲的代价，都已经毫无意义了，于是他作出了一个罕见的决定，他下令他的部队就地解散，官兵们可以自行决定是继续战斗，进行突围或投降，一切责任由他本人承当。他的这个命令也许使数以万计的德国官兵们免于在战争最后几天中丧生。当部下问到他本人的打算时，莫德尔只是平静地说："一个德国元帅是不应该做俘虏的。"在交代完后事后，莫德尔一个人走进了一座森林，在那里他将一发手枪子弹打进了自己的头部。

可以说，莫德尔是少数得到希特勒完全信任的德国将军，同时他也是少数几个敢于在希特勒面前直言不讳的将军。

这次，莫德尔绕过了他的顶头上司克卢格元帅，直接向希特勒进言（克卢格对此十分地恼火），他把一叠航空照片摊在希特勒面前，这些照片清晰地显示了苏军在德军计划中的进攻路线上已经构筑了大量的防御工事。

莫德尔一面指着照片上的苏军防御工事，一面坚定地说："进攻的最佳时机已经失去了，准备迎接德军进攻的苏军已经从战败中恢复了元气，这将使进攻成功的可能性大大降低，所以'堡垒'计划应该被放弃。"

▼ 德军装甲部队向库尔斯克推进途中。

古德里安也直言不讳地指出，对库尔斯克的进攻是"没便宜可占的"，坦克将遭受很大损失，他的改编装甲兵的计划也将因此破产。古德里安这位坦克专家早就对希特勒对于"豹"式坦克寄予过高的期望非常反感，而蔡茨勒也是对"豹"式坦克评价很高者之一。想到这些，古德里安看了一眼在一边的德军总参谋长蔡茨勒，旁敲侧击地警告说：

"参谋部长所器重的这种坦克，也像一切其他新式装备一样，将会遇到初用期出现的缺陷。"

但蔡茨勒根本就没把古德里安的话当回事，他依然对这种"豹"式坦克莫名其妙地充满信心，正如他毫无来由地对即将开始的库尔斯克会战的胜利深信不疑一样。

于是在接下来的会议中，以莫德尔、古德里安为一方，以克卢格和蔡茨勒为另一方，进行了激烈的辩论，双方的分歧难以弥合。

总的说来，克卢格和曼施坦因同意"堡垒"作战计划，但是却不同意拖延，而古德里安和莫德尔却预计进攻将受到严重损失，竭力反对实施"堡垒"作战计划。而双方的争论最后演变成了私人恩怨，一向视古德里安为宿敌的克卢格明显被激怒了。会议之后的几天，克卢

▼ 疲惫的德军坦克兵。

▼ 在前线指挥作战的曼施坦因。

格竟然要求与古德里安决斗，并邀请希特勒当他的见证人。

面对手下这些高级将领们的争论与分歧，希特勒显得心神不宁。会议最终在没有得出任何结论的情况下结束了，希特勒也不得不宣布推迟"堡垒"作战的进攻时间。

值得注意的是曼施坦因的态度，在他的回忆录中，声称他当时认为"堡垒"计划的最佳时期已经过去了，因而倾向于取消这个攻势。可惜由于他的这个说法无法从参加这次会议的其他人的回忆中得到证实，也和他在"堡垒"作战发动后一贯持有的乐观态度不符，所以他的这一段话似乎并不可信。

失败在什么时候都是"孤儿"，人们总是互相推脱。因此，"堡垒"计划失败的责任也不是轻而易举就能确定的。事后，曼施坦因把"堡垒"作战延期以至失败归咎于希特勒的独断专行，是希特勒的犹豫不决导致的。

其实，曼施坦因的结论是十分不恰当的。首先，德军预计在4月最迟在5月初发起进攻的前提是：苏军在战败后尚来不及恢复元气和其增援部队尚来不及赶到。其次，由于泥泞季节结束较晚，德军不可能在5月中旬前发动进攻，而到那时苏军的防御体系已经基本完成，等待着德国人的将是一场代价高昂的正面进攻。最后，更重要的是，德军当时的实力已经无法再支撑如此大规模的进攻战役了。

确实，从1942年5月起，德军已经连续不断地战斗了10个月之久，部队的损耗已达到了极点。从1942年7月1日到1943年6月30日，德军在东部战场上阵亡、受伤和失踪的人数高达198.5万人。德军的前线师通常只有团甚至营的规模，而作为进攻利器的装甲部队的损失更是到了令人无法忍受的地步。在这种情况下，要打赢一场进攻战役，德国人必须做到以下几点：一是后方工业要生产出足够多的武器；二是要将这些武器运送到前线，这需要花费相当长一段时间，因为苏联境内的道路情况很差，而且苏联游击队正在后方不断地发动"铁路之战"，对德军的补给线进行破坏；三是在武器运到前线后，留时间给部队掌握；四是留给前线那些精疲力竭的部队充足的时间休整，对缺额要补充，对新兵要训练；五是要在前线聚集足够发动一场攻势的弹药和粮草。

而所有这些事项要在短短的1个多月内来完成，是非常不现实的。

即便是7月初德军发动攻势时，其装甲师平均拥有的坦克数量也只有100辆而已。一次准备完善的德军攻势大败于一个完善的苏军防御体系之下，那么一次准备不充分的德军攻势就必然能击破一个不完善的苏军防御体系吗？作为一个卓越的统帅，曼施坦因不可能没有看到这一点，而事实上他和希特勒就推迟"堡垒"作战的分歧主要发生在6月，他在回忆录中的辩解表明，他只不过是不想和这次战役的失败拉上关系。特别是当曼施坦因写回忆录时，战争魔鬼希特勒早已经在黄泉之下了，把责任推到他的头上正可谓一了百了。可以想像，如果希特勒下令在 5 月初发动进攻，一旦失利，也会有人说希特勒一意孤行，不肯等待聚集足够的兵力和物资，而提前发动攻势，从而招致了失败。

尽管有反对的意见，尽管曾有过犹豫，希特勒最终还是决定"堡垒"作战正常进行。德国人的这个决定是源于他们对于"闪电战"的自信。自开战以来，德军的"闪电战"尚没有在战役范围内失败过，不管敌人的防御设施是多么完善，德军最终总能完成突破，而德军几次失败的战役都发生在德军已前进了数百公里以后。所以虽然德军对苏军防御的坚强表示担心，但他们所担心的是要花费多大的代价才能突破，能消灭多少苏军，一旦取胜后，尚有无余力发动进一步攻击。而并没预料到会遭到失败。如果说反对意见也起到一点作用的话，那就是使"堡垒"作战进一步被推迟了，希特勒认识到"堡垒"作战的重要性，而他也清楚一旦失败会导致严重后果，既然现在突袭的最佳时机已经错过，他便干脆决定把发起进攻的时间推迟到准备充分为止。

于是，"堡垒"作战被推迟到了 6 月。尽管曼施坦因和克卢格一再催促发动进攻，但希特勒显然认为还应该等聚集了更多的物资，准备得更充分才能发动攻势。于是在一再延期下，"堡垒"作战最后被延期到 7 月 5 日。

No.2 希特勒的两张王牌

库尔斯克会战对于希特勒来说无疑是关乎命运的一场大决战。由于战场形势的急转直下和轴心集团内部日益明显的分裂倾向，希特勒把打赢库尔斯克战役作为扭转战局、重新聚合轴心势力的战略举措。因此，这个纳粹头子在库尔斯克大费苦心，再次准备在库尔斯克突出部以大规模的坦克集群对苏联发动一场凶猛的"闪电战"。而对此次库尔斯克大会战，希特勒把宝押在了他的两张"王牌"坦克——"虎"式与"豹"式坦克和"王牌"战车——"斐迪南"式战车身上。

坦克，这个第一次世界大战期间，为了突破堑壕纵横、铁丝密布、碉堡林立、机枪大量使用的敌方防线而诞生的集机动、进攻和防御为一身的武器，一向是希特勒"闪电战"的撒手锏。

也许是因为吃过坦克的亏，没有哪一个国家在坦克应用方面比德国觉醒得更早了。1916年 9 月 15 日，在第一次世界大战的索姆河战役中，英军在进攻中首次使用了他们发明的坦克。当时英军共出动了 49 辆简易坦克，由于技术不完善等原因，开到阵地的只有 32 辆，真正参加战斗的只有 18 辆。虽然参战的坦克数量很少，但当这种隆隆而过的钢铁怪物步步逼近时，位于第一线的德军步兵手中的武器已经变得毫无用处，德军士兵惊惶失措，纷纷临阵脱逃。在不到两个半小时的时间里，德军长达 500 公里的阵地就插遍了英国的军旗。失利之后的德国立刻认识到坦克对于陆地进攻的重要性，开始了坦克的研制与生产。第一次世界大战之后，当许多国家仍把坦克作为协同步兵进攻工具的时候，研究和学习坦克战术已经在德国军官中蔚然成风。

1939 年 9 月 1 日，希特勒实施的"白色计划"，就是以 2,800 辆坦克、6,000 门火炮和 1,929 架飞机对波兰发动了"闪电"式进攻。1940 年 5 月 10 日，德军实施的"曼施坦因计划"，也是动用了庞大的装甲集群突破比利时南部的防御线，对西欧发动了大举进攻。而 1941 年 6 月 22 日，希特勒撕毁《苏德互不侵犯条约》，实施"巴巴罗萨计划"时，更是动用了近 5,000 架飞机、4,300 辆坦克和 7,400 门大炮。

因此，在希特勒眼中，坦克是他手中最有力的筹码！对库尔斯克的进攻中，坦克也自然将发挥其继往开来的作用。不过，这一次，希特勒的底牌是新式的"虎"式和"豹"式坦克。

第二次世界大战初期，德军坦克的性能偏重于机动性，而装甲防护比较薄弱，火炮威力不大，坦克质量也比较小。这些坦克在 1941 年与苏联 T－34 坦克交战时，一直处于被动挨

▼ 德军自诩为王牌的"斐迪南"式战车。

打地位，导致德国"闪电战"战略破产。

很显然，希特勒研制新型坦克的目的就是为了对付苏联的 T－34 中型坦克。

人们在设计坦克之时，总是希望自己的坦克在综合战术技术性能方面比对方强。T－34 型坦克是在第二次世界大战前夕研制的。当时，苏联已经觉察到法西斯德国拥有大量坦克的威胁，苏军最高统帅部决定研制一种新型坦克来对付德军可能发动的进攻。

1939 年初，哈尔科夫共产国际工厂制造出 A－20 和 T－32 坦克的样车，经展出和表演后，总部领导人选择了 T－32 型坦克，并于 1939 年 12 月对样车进行了改进后正式命名为 T－34 中型坦克。

1940 年 6 月，哈尔科夫共产国际工厂开始成批生产 T－34 坦克，到 1941 年 6 月德军入侵苏联时，共生产出 1,225 辆。

T－34 中型坦克是一种综合战斗性能较好的坦克，自 1940 年问世，1941 年投入战场使用以来，至今已经经历了半个多世纪的漫长岁月，仍在一些国家的军队中使用着，成为世界

▲ 正在接受检阅的德军早期型号的坦克编队。

▶ 苏军 T-34 坦克正在向库尔斯克地区开进。

上当之无愧的服役时间最长的坦克。西方国家的某刊物曾这样评价:"1941 年初 T－34 坦克初次出现便被誉为世界上最好的坦克,在朝鲜战场上又见到 T－34 坦克,但仍未发现这种坦克是过了时的。"

确实,1941 年 10 月 6 日,当德军坦克与反坦克炮在奥廖尔东北面的姆岑斯克战役中首次遭遇 T－34 坦克时,就被 T－34 坦克强大的攻击力和防御能力所震惊。

德国人对 T－34 坦克进行研究后,发现这种坦克有坚固、厚实的装甲,惊人的速度,良好的通行能力,威力远远超过德国坦克的火炮。这着实让德国人大吃一惊。德国人感到,自己所有的坦克都过时了,不是 T－34 型坦克的对手。

对于苏联坦克的作战性能,希特勒一直很关注。当得知苏联 T－34 坦克的巨大威力后,希特勒既害怕又着急,他命令不惜一切代价也要研制出能对付 T－34 的坦克。

德军最高统帅部根据希特勒的旨意,要求坦克专家尽快拿出新坦克设计方案,并尽快制造出新坦克,以便在 1942 年 4 月 20 日希特勒的生日时向希特勒展示。于是,德国人加强了开发新型坦克的力量,挖空心思研究对付 T－34 的办法。

其实,战争初期,德军就曾经缴获到苏军的 T－34 坦克。当时,"装甲大王"古德里安和其他装甲兵将领向希特勒建议仿制 T－34 坦克,认为这是消除坦克技术劣势最快、最简单的办法。但是,希特勒没有接受他们的建议,在希特勒的脑海中,苏联人是劣等民族,他不愿意仿制"劣等"民族的坦克。

殊不知,科学技术是无国家、无民族界限的,只有学习别人的长处,才能更快地发展自己。希特勒不是连这点基本的常识也不懂，但是他日耳曼"优等民族"至高无上的思想，最终给深陷"雪地"的德国坦克工业覆盖了一层寒霜。

之后，针对 T－34 坦克的特点，德国坦克专家设计出两种新型坦克方案——一种是 V 型"豹"式中型坦克，另一种是 VI 型"虎"式坦克。

"豹"式坦克吸收了 T－34 坦克的很多优点，不仅有宽履带设计来保证良好的机动性，而且其倾斜前装甲能够最大限度地减少反坦克火炮的打击，同时还装备有威力强大的长管火炮。

1943 年初，第一批"豹"式坦克被加紧生产出来。该坦克重 43 吨，最大速度 40 公里每小时，最大装甲厚度为 80 毫米，装有一门可发射次口径脱壳穿甲弹的 75 毫米炮。然而，由于"豹"式坦克比最初设计重得多，其引擎与传送带承受了过重的压力，因此一直被频繁的机械故障所困扰。

V 型"豹"式坦克也是第二次世界大战中一种比较优秀的中型坦克，超过了美国和英国同级别的坦克。

"虎"式坦克原先的设计重量是 45 吨，前装甲厚度是 80 毫米。但被 T－34 型坦克弄得昏了头的希特勒觉得不够，下令将前装甲厚度提高到 110 毫米，结果重量达到 56 吨。

"虎"式坦克在工程设计上独具一格，除炮塔外，可谓完美无瑕。坦克的悬挂系统采用了大负重三轮交叉、扭杆式装置，大大提高了履带的宽度、通行能力和行驶的平稳性。更有特色的是它的动力和传动系统，使用的是燃－电动力传动方式，以一台 650 马力的汽油机为动力，先带动发动机，再驱动两台能带动两条履带的电动机，这样就可以用改变两台电动机的转速来转向，像开汽车一样操作方向盘。当然，这种燃－电传动方式的结构复杂，故障率太高，对作战极为不利。

▼ 向灌木丛中进军的苏军 T-34 型坦克，其动力在当时首屈一指，即使在雪地和沼泽中也能正常行进。　　▼ 被希特勒视为王牌的"豹"式坦克向库尔斯克地区挺进。

除此之外,"虎"式坦克还安装有一门威力很大的88毫米坦克炮,但因炮塔太重,又没有助动系统,炮手需要摇手柄720圈才能使炮塔转一圈,所以其反应速度很慢。英国陆军曾计算出:一个赤手空拳的人只要在距"虎"式坦克50米以内围着坦克小跑,就能让炮手不停地摇,直到累死,而且还不会被打着。"虎"式坦克的公路最大行驶速度为40公里每小时,但其行程只有90公里。

因此,虽然"虎"式坦克在装甲和火力上与苏军坦克接近,而且战场机动性还略胜于后者,但火力、机动、防护和可靠、简便性等综合指数却大大逊于苏军的重型坦克。"虎"式坦克在防御时具有巨大的威力,但一旦进行远距离机动就麻烦不断,总是出故障或被苏军T-34型坦克绕到侧面击毁。

尽管装甲兵总监古德里安已经清楚地意识到这两种坦克存在的问题,但希特勒对"豹"式和"虎"式坦克十分欣赏,对它们的威力甚至达到了盲目崇拜的地步。在斯大林格勒会战中,他曾以为只要使用两个"虎"式坦克营,就可以救出陷入苏军重围的保卢斯军团。当然,他的幻想后来破灭了。

这一次,希特勒又把扭转东线颓势的希望,寄托在两种新型坦克上,他认为他手中的这两张"王牌"是不可战胜的,他坚信这两种坦克能够突破苏军的防线。为了增加胜算的可能性,希特勒还命令德国军工业界临时拼装了90辆新型"虎-斐迪南"式战车。

"斐迪南"式战车装有威力巨大的88毫米火炮,其前装甲厚度至少201毫米,并一前一后装配有两个引擎。但是,由于其重量高达66.9吨,笨重庞大得不利于机动,再加上没有装备近距离防御所用的机关炮,因此只能用于高处提供火力支援。

希特勒深知一再推迟"堡垒"作战计划的风险,但是他还是对上述新式武器寄予了很高的期望,妄想借此可以突破苏军在库尔斯克地区的防御阵地。

自1943年3月1日,第一批21辆"豹"式坦克首次装备德军部队开始,到推迟的"堡垒"行动最终开始之前,共有421辆新型突击战车加入了德军部队。这其中,包括200辆"豹"式坦克,131辆"虎"式坦克和90辆"斐迪南"式战车。

希特勒相信,凭借这三张王牌,势不可挡的"堡垒"攻势将彻底摧毁苏军的所有抵抗,激起德军的又一次胜利狂潮。

No.3 希特勒的"总动员令"

战争是国家综合实力的较量,除了战车供应的问题外,德军眼前还有一道难题亟待解决,

▼这是战时德国纳粹的一幅宣传画"不顾一切奔赴前线"。

那就是兵员严重不足问题。

确实，从1942年7月1日起至1943年6月30日止，德军在东部战线战死、受伤、逃亡、被俘和失踪的总人数高达1,985,000人，而同期，海、空军的伤亡也相当惨重。

为了弥补兵员的短缺，希特勒在1943年1月15日颁布了"装备东线军队的总行动"命令。根据这一命令，全部军工产品在近几个月内一律交东线军队支配，务必使"一定数量的师得以加快速度装备现代化兵器，成为完全合乎要求的进攻兵团"。同时，受过训练的人员和各种最好的作战兵器都毫不犹豫地调来用以装备在东线作战的军队。

然而，兵员短缺问题仍得不到有效解决。为此，希特勒又颁布了"保卫帝国总动员令"，征召大量军工企业和交通运输业的工人，并把动员的对象扩大到16岁至65岁的男子以及17到45岁的女子，可以说，凡是拿得动武器的人都被投入到战争的煮锅。

一般情况下，新入伍的人要经过4到6个月的训练后再被派往作战部队。然而，由于东线伤亡巨大，德军指挥部对这些人员仅进行了6至8周的训练后，就将其派往前线。因此，这些人员无论身体状况还是战斗技能都很差。

而军官的补充更为费劲，军事院校的毕业生无法补足指挥官的伤亡。至1943年末，德军80%的青年军官只受过3个月的训练。

对于这一点，希特勒心知肚明。他在当年6月22日签署了关于提高步兵战斗力的第15号命令，指出："在战争的第4年，由于一些十分自然的原因，在承担最重大牺牲和损失优秀人员的步兵中出现了下级军官训练不够、后备力量不足和办事质量不佳的明显现象，靠青年补充这一队伍的工作也遇到了困难。克服这些不足之处乃是各级军事长官的职责……"

实行总体动员的结果是征召了200余万人。这使得德国军队在1943年上半年得以新建了一批师，并补充了1942年底到1943年初的冬季遭受损失的一些兵团。1943年3月开始，德军又开始加速恢复在斯大林格勒附近和北非被摧毁的各师。这样，仅仅在上半年内，法西斯德军指挥部就完成了陆军和空军50个师和党卫军4个师的组建和补充工作。

然而，尽管补充了新的兵员，但由于伤亡过重，德军指挥部仍被迫缩减了步兵师的编制。原来一个师有9个步兵营，而新编制的步兵师只有6个步兵营，人员也由16,859人缩减为12,708人。不过，由于增加了自动武器、120毫米迫击炮、防坦克炮和高射炮的数量，师的火力却有所增强。

至1943年7月，德军所有步兵部队——253个步兵师零两个旅中，就有169个师零两个步兵旅驻扎在苏德战场，占其总数的70%。

摩托化步兵团和坦克兵团是希特勒的陆上先锋，除了对其配备新型"豹"式、"虎"式坦

克和"斐迪南"式战车之外，还对其编制进行了补充。在德军 40 个坦克师和摩托化师中，在苏德战场上就陈列了其中的 63% 以上，有 20 个坦克师和 6 个摩托化师。

空军的补充似乎没有像陆军那样容易。由于飞行人员不足，在战斗中受重创的航空兵部队也无法得到替换，只能补充为数极少的乘员组和飞机，而且许多乘员组还没有战斗经验。正如凯塞林元帅所描述的"补充给航空兵队伍的新飞行员，其训练质量不符合新的防御形式向飞行员提出的要求。最近两年战争期间教员和教官明显不足，教练机、特别是供教练和作战飞行用的燃料也十分缺乏，除此之外，飞行人员极度疲劳，战斗装备程度下降的现象也极为明显"。1942 年 3 月间，德国轰炸航空兵尚拥有 127 个后备乘员组，到了 1943 年 3 月时，则短缺 364 个乘员组。尽管存在困难，希特勒还是命令从德国国内和其他战区调来许多航空兵兵团，以便在苏德战场上建立强大的航空兵集团。至 1943 年 7 月，德国及其仆从国投入在苏德战场的航空兵团共有 2,980 架飞机，其中包括 2,041 架轰炸机，586 架歼击机和 353 架侦察机。

此外，希特勒命令不惜采取任何手段来提高军事生产。1943 年坦克和强击炮比 1942 年增产近 73%，飞机增产 71%。

希特勒的德军指挥部对总动员令产生的效果感到满意。1943 年 6 月 5 日，参谋总长凯特

◀ 德军步兵向前线开进。

▶ 希特勒在柏林的一家军工厂接
见工人和军队代表。

尔在元首大本营发表演说时称："德国拥有这样的军事工业实力和这样的装备，它不仅可以弥补众所周知的事件造成的物质损失，而且可以使德国军队的装备达到前所未有的水平。"

同一天，在柏林纳粹党干部会议上发表演说的施佩尔也随声附和说："我们向前线提供的新武器、新坦克、飞机和潜艇，其数量足能使我军不仅赢得这次斗争，而且取得最后的胜利"。

在苏德战争进行积极准备的同时，根据"堡垒"作战计划，希特勒也开始了向库尔斯克地区积聚最强大的作战集团的任务，以便实现其令人神往的战略规划。

为实施此次进攻战役，德军在库尔斯克方向，集中了中央集团军群所属的第9、第2集团军和南方集团军群所属的第4装甲集团军、"凯姆普夫"战役集团。

中央集团军群司令员是德国陆军元帅克卢格。他参加过第一次世界大战。战后长期在司令部担任参谋，主张恢复德国的军事实力。1939年任第4集团军司令员。1940年晋升为元帅。1941年12月任中央集团军群司令。克卢格是德国著名将领之一，指挥作战稳重，深得希特勒信任。

中央集团军群所属的第9集团军，编有23个师，部署在奥廖尔以南，以15个师组成突击集团，主要任务是从北面向库尔斯克进攻。

◀ 德国中央集团军群司令克卢格元帅。

▶ 南方集团军群司令曼施坦因正与手下将领拟订作战计划。

中央集团军群所属的第 2 集团军以 8 个师的兵力防守库尔斯克突出部的西部。

担任南方集团军群司令的是曼施坦因，他是希特勒比较看重的德军将领之一，曾经在斯大林格勒战役中担任顿河集团军群司令。他是 1942 年 2 月开始担任南方集团军群司令的。

南方集团军群所属的第 4 装甲集团军和凯姆普夫战役集团在别尔哥罗德地域分别以 8 个师和 6 个师组成突击集团，从南面向库尔斯克进攻。

此外，还有大约 20 个师在突击集团侧翼行动。第 4、第 6 航空队的航空兵负责支援陆军。

希特勒还从别的部队调集兵力兵器，使中央和南方集团军群齐装满员。其中，中央集团军群的第 9 集团军、南方集团军群的凯姆普夫战役集团和第 4 装甲集团军均获得大量补充兵员、技术兵器和武器装备。奉命实施"堡垒"战役的各个部队均按足额补齐。

希特勒疯狂地向库尔斯克地区调集部队，他几乎将能够调来的部队都调来了，几乎将左邻的部队都调光了，并且还使用了全部的战役预备队。

经过精心调集兵力兵器，希特勒在库尔斯克北面和南面聚集了 90 多万人，火炮和迫击炮 10,000 门，坦克和强击火炮 2,700 辆。大量的坦克、火炮聚集在库尔斯克附近地区，形成了人类战争史上最密集的铁流。

在库尔斯克突出部地域，希特勒还集中了强大的空军集团。

德国及其盟国在苏德战场上的 2,980 架飞机中，其中就有 2,000 多架用以参加此次进攻战役。

▲ 苏军士兵手执军旗欢呼胜利。

在这些飞机中，有近 1,000 架属第 6 航空队，驻扎在奥廖尔突出部的各个机场。另外第 4 航空队的 1,000 多架飞机驻扎在哈尔科夫和波尔塔瓦地域各个机场。德军这两个航空队有轰炸机 1,000 多架。

希特勒还为各航空队补充了新型军用飞机，包括"亨克尔－111"式轰炸机、新型的"FV－190A"式歼击机和"汉舍尔－129"式强击机。

希特勒准备将这些战斗机用于库尔斯克以北和以南各地域，在空战中钳制苏军航空兵，同时以密集的突击压制苏军，从而保障坦克集团迅速向库尔斯克突破。

在莫斯科和斯大林格勒附近丧失了制空权的德军空军部队指挥部的指挥官们，准备在库尔斯克大显身手。他们向希特勒保证说，在莫斯科和斯大林格勒的失利完全是冬季气候条件所致，在这次夏季进攻中德军一定能够重新掌握制空权。

到 1943 年 7 月前夕，希特勒已经在库尔斯克地区汇集了最大的力量，以实施"堡垒"战役。在这里的总兵力达到 50 个师、3 个独立坦克营和 8 个强击火炮营。这相当于苏德战场上德军 70% 左右的坦克师，近 30% 的摩托化师和步兵兵团总数中的 20% 以上的步兵师。在这里活动的飞机占其在东线活动作战飞机的 65% 以上。

显而易见，希特勒为了实现其作战计划，在库尔斯克突出部投下了最大的赌注。

▼ 曼施坦因与手下将领在前线研究作战计划。

▲ 向顿河上游发起攻击的苏军坦克。

第三章

苏军的非常谋略

在德军秘密备战"堡垒"计划之时，"战场救火员"朱可夫元帅奔赴库尔斯克突出部……在战争史上，军事实力占优势的部队主动进行防御的情况非常罕见，但以朱可夫为代表的苏联军事家们却高瞻远瞩，创造性地提出了这一战法。同时，德军一再推迟"堡垒"作战计划更是让苏联赢得了宝贵的时间——苏军在库尔斯克突出部构筑了坚固的防御阵地。与此同时，斯大林的第 95 号命令使整个苏联的国家机器加大马力开动起来，围绕即将来临的战争，双方展开了军事经济生产竞赛……

No.1 "战场救火员"朱可夫

1943 年的融雪期开始后，除了沃罗涅日方面军、西南方面军、南方方面军地段和库班仍在进行激烈交战外，苏德战场的各条战线暂时都沉寂了下来。然而，一种异常的沉闷与不安却同时笼罩在这寂静的战场上空。毫无疑问，在这短暂的沉寂之后，一场更加猛烈的暴风骤雨即将来临。

1943 年 3 月 13 日，苏联西北方面军指挥所接到了斯大林的电话。

当时，朱可夫作为苏联最高统帅部代表正协助铁木辛哥元帅指挥西北方面军，该方面军已经开到洛瓦季河边，准备强渡洛瓦季河迎击曼施坦因的部队。

"洛瓦季河的情况怎么样？"斯大林的话音中明显带着对朱可夫元帅的尊重。

斯大林对朱可夫元帅的尊重是有原因的。

第二次世界大战中，被斯大林撤职的苏军高级军官不少，其中被重新重用者不多，而朱可夫却是这样的人。

苏德战争爆发后，德军来势凶猛，很快占领了苏联西北部大片国土。时任苏军总参谋长的朱可夫及时总结战争失利的原因，认为在敌人强大兵力进攻面前，不宜采取单纯阵地防御，应实施以反突击为主要手段的积极防御战略。根据这一思想，他决定放弃基辅，加强莫斯科方向的防御力量。

然而，他的这一计划却遭到斯大林的反对。斯大林对前来汇报的朱可夫骂道："真是胡说八道，怎么能把基辅放弃给敌人呢？"朱可夫无法忍受最高统帅这种轻率与偏执的态度，回答说："如果您认为总参谋长只会胡说八道，那么，他在这里也没有什么可干的了，我请求您解除我的总参谋长职务，把我派往前线，或许在那里我对祖国更有用些。"斯大林没想到朱可夫如此"固执"，痛快地答应道："如果你真感到这样，这里没有你也行！"几个小时后，朱可夫接到了免职命令。1941 年 9 月下旬，德军合围、歼灭了"不惜一切代价"坚守基辅的几十万苏军，占领了这座城市，并从乌克兰向莫斯科方向迂回。此时，斯大林认识到同朱可夫的争论是自己错了，于是重新起用朱可夫，并把他派到当时局势最危急的列宁格勒。斯大林指示朱可夫："你的任务就是无论如何也不能让德国人冲进列宁格勒。"朱可夫到任后，德军已切断了列宁格勒的全部陆上通道，开始收缩包围圈。他一面采取各种手段建立完备的防御体系，一面积极组织反突击行动，利用一切可以利用的机会向敌人发动进攻，以杀伤、消耗德军，增强防御的稳定。列宁格勒防线终于稳固下来，一直到苏军开始战略大反攻，德军围困该城900 个日夜，却始终未能踏进城市半步。

列宁格勒局势缓解，莫斯科方向告急。10 月 7 日，斯大林又将朱可夫调来指挥莫斯科保

▲ 被称作"战场救火员"的朱可夫将军。

▲ 朱可夫将军正在地形图前构思苏军在库尔斯克的作战
计划。

卫战。他对朱可夫说:"这里的情况很严重。但我想在十月革命节除了开庆祝大会外,还打算在莫斯科举行阅兵式,你认为前线的形势能允许我这样做吗?"朱可夫从斯大林的目光中看到了坚毅、力量和期望,他保证竭尽全力使这些活动顺利进行。形势严峻,任务艰巨。他指挥部队实施积极防御作战,顶住了敌人的进攻;又从其他方向调来战斗机部队,加强首都空防。11月7日,当全副武装的苏军官兵在白茫茫的冬雾中精神抖擞地从列宁墓前通过,接受党和人民检阅,随即直接开赴前线时,德军官兵却在严寒中颤栗。尔后,朱可夫指挥部队反攻,迫使德军从莫斯科撤退100~250公里,遭到苏德战争爆发后的第一次重大战略失败。

莫斯科保卫战的胜利,使朱可夫名声远扬。斯大林毫不怀疑他的指挥才能了,委以他最高统帅部副统帅之职,让其代表自己指挥作战。此后,哪里战争打得最惨烈,他就被派到哪里去解救危局,被人誉为"战场救火员"。战后,斯大林在谈到朱可夫的功绩时赞道:"朱可夫的名字,作为胜利的象征,将永远不可分离地同整个战场联系在一起!"

"洛瓦季河由于过早解冻难以通过,西北方面军在此处的进攻看来不得不暂时中止了。"朱可夫详细地向斯大林介绍了洛瓦季河的情况并提出了自己的建议。

▲ 在列宁格勒前线指挥部，自左向右依次为：军事委员会委员布尔加宁、方面军司令员朱可夫将军、参谋长索科洛夫斯基中将。

斯大林对此表示赞同。谈话快结束时，斯大林突然对朱可夫说："我打算派索科洛夫斯基指挥西方方面军，你觉得怎么样？"

朱可夫弄不清斯大林的意图，但出于对情况的了解，朱可夫还是对此提出了自己的意见："我建议派原西方方面军司令员科涅夫领导西北方面军，而将铁木辛哥派往南方担任最高统帅部代表，帮助南方方面军和西南方面军司令员。因为铁木辛哥元帅非常熟悉那些地区，而且那里的局势最近又变得对我们不利了！"

斯大林再次接受了朱可夫的建议，说道："那好，我让波斯克列贝舍夫通知科涅夫给你打电话，由你给他下达所有指示。"

斯大林顿了顿，加重了语气："不过，你明天要到最高统帅部来，有关西南方面军和沃罗涅日方面军的情况需要讨论。"接着，他又补充说："你可能要到哈尔科夫地域去。"

朱可夫立刻明白了斯大林的想法，他这个"救火员"又有硬仗了。朱可夫义不容辞地回答："好的，我立即出发。"

当天晚上，朱可夫就赶到了莫斯科。

朱可夫到达克里姆林宫时，斯大林正召开会议讨论有关冶金、电力的燃料问题以及飞机和坦克制造厂的问题。朱可夫不顾旅途劳顿，立即参加了会议。

最高统帅部召开的这次会议一直到凌晨3点多才结束。

会后，斯大林留下了朱可夫，问道："你吃饭了吗？"

"没有。"

"那就一起去我那儿吃，顺便谈谈哈尔科夫地区的情况。"

在吃饭的时候，总参谋部送来标有西南方面军和沃罗涅日方面军地段情况的地图，两人就哈尔科夫的情况进行了讨论。对于哈尔科夫的严峻形势，朱可夫要求亲自飞往沃罗涅日方面军进行视察。

　　随着战局的发展，经过几天的了解和观察，朱可夫认为，到3月底，库尔斯克突出部的态势已经趋于稳定，双方都在准备决战。

　　4月8日，朱可夫向最高统帅部提交了他关于1943年春夏德军可能的行动及苏军的防御设想：

　　1. 敌人在1942年底至1943年初的战局伤亡惨重，在开春前组建大量预备队，发动夺取高加索和进抵伏尔加河地域，以便纵深迂回莫斯科的新进攻，显然是不可能的。

　　由于预备队数量有限，1943年春季和夏初敌人将被迫在较窄的正面上展开进攻，并严格按阶段完成任务，其会战的主要目的是占领莫斯科。

　　根据敌人目前在我中央、沃罗涅日和西南方面军正面的部署情况，我认为，敌人将对这三个方面军展开主攻战役，以粉碎该方向的我军部队，获得沿最近路线迂回莫斯科的机动自由。

　　2. 看来，敌人第一阶段将最大限度地集中其兵力，在大量航空兵的支援下，以其奥廖尔－克罗梅集团发动从东北迂回库尔斯克的进攻，以其别尔哥罗德－哈尔科夫集团发动从东南迂回库尔斯克的进攻。

　　敌人预计会由西自沃罗涅日地区以及西南向库尔斯克发动辅助突击，其目的是切断我防线。敌人将指望以此次冲击粉碎并合围我第13、70、65、38、40、21各集团军。敌人此阶段的最终目的可能是进抵科罗恰河－科罗恰－季姆－季姆河－德罗斯科沃一线。

　　3. 第二阶段，敌人将迅速在瓦卢伊基－乌拉佐沃总方向上提出到西南方面军的侧翼和后方。

　　与此同时，敌人可能在北部由利西昌斯克地域向斯瓦托沃、乌拉佐沃施行相向突击。

　　在其余地段上，敌人将会冲击利夫内、卡斯托尔诺耶、旧奥斯科尔和新奥斯科尔一线。

　　4. 第三阶段，敌人可能相应变更部署，然后力抵利斯基、沃罗涅日、耶列茨一线，然后借东南方向的掩护，可能经拉年堡、里亚日斯克、梁赞组织从东南面对莫斯科的迂回突击。

　　5. 应预见到敌人今年的进攻将主要依靠坦克师和航空兵，因为其步兵目前实施行动的准备比去年差远了。

　　当前，中央和沃罗涅日方面军面临的敌人大约有12个坦克师，再加上其他地段调来的3～4个坦克师，则对我库尔斯克集团投入的敌坦克师可达15～16个，坦克总数达2,500辆。

　　6. 为在我防御中击败敌人，除了加强中央和沃罗涅日方面军的反坦克防御，我们还必须尽快从次要地段抽调30个反坦克歼击炮兵团，作为统帅部预备队配置在受威胁的方向上；将所有的自行火炮集中到利夫内、卡斯托尔诺耶、旧奥斯科尔地段……

朱可夫在报告的最后特别提到对抗德军最重要的一点:

我不认为有必要发动一场先发制人的进攻,我们应首先以坚强的防御消耗德军的力量,尤其是摧毁他们的坦克,然后,我们可以预备队发动全面反攻,以彻底粉碎敌人的主要集团。

与朱可夫不谋而合的还有中央方面军参谋长马利宁中将。马利宁中将在 4 月 10 日向总参谋部送交如下一份报告:

敌人 1943 年春夏季进攻的目标及可能的方向:

1. 根据敌人现有兵力、兵器,特别是 1941、1942 两年进攻战役的结果,预计 1943 年春夏季敌人将只能在库尔斯克 – 沃罗涅日战役方向发动进攻。

其他方向敌人未必有进攻的可能。

从战争本阶段总的战略情况看,敌军为确保克里木、顿巴斯和乌克兰,为此要将战线拉到什捷罗夫卡 – 旧别利斯克 – 罗韦尼基 – 利斯基 – 沃罗涅日 – 利夫内 – 诺沃西利一线。

▼ 草原方面军司令员科涅夫上将(右)向朱可夫元帅汇报兵力部署情况。

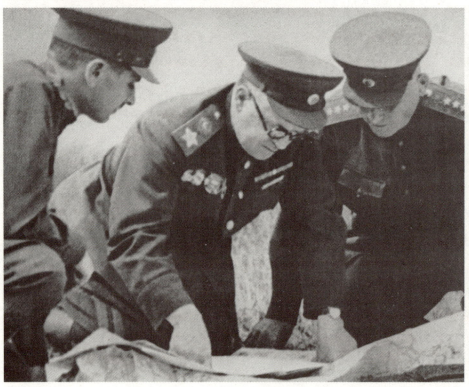

敌人要想完成这一任务，至少要有60个步兵师并相应加强航空兵、坦克兵和炮兵。

在该方向集中这一数量的兵力兵器敌人可以做到。

因此库尔斯克－沃罗涅日战役方向具有头等重要的意义。

2. 根据这一战役预测，敌军主力将同时沿内半径和外半径主攻。

内半径为：由奥廖尔地区经克罗梅向库尔斯克进攻，以及由别尔哥罗德地区经奥博扬向库尔斯克进攻。

外半径为：从奥廖尔地区经利夫内以及从别尔哥罗德地区经旧奥斯科尔向卡斯托尔诺耶进攻。

3. 我方如果不对敌人的上述企图采取对抗措施，那么敌人在上述方向的顺利作战就会击败我中央和沃罗涅日方面军部队，夺取奥廖尔－库尔斯克－哈尔科夫这条最重要的铁路干线。敌军就会推进到确保可靠控制克里木、顿巴斯和乌克兰的有利地区。

4. 春季的泥泞和春汛到来后，敌人就会着手在可能发动进攻的方向变更部署、集结部队并建立必要的储备。

因此，初步预计，敌人转入决定性进攻的时间是1943年5月下半月。

▼ 朱可夫元帅陪同沃罗诺夫元帅、伏罗希洛夫元帅参观缴获的德国"虎"式坦克。

5. 我认为，在这种战役情况下采取下列措施较为适宜：

一是由西方方面军、布良斯克方面军和中央方面军部队共同努力消灭敌奥廖尔集团，令敌人无法从奥廖尔地区经利夫内向卡斯托尔诺耶展开突击去夺取对我方极端重要的姆岑斯克－奥廖尔－库尔斯克铁路干线，令敌人无法利用布良斯克作为陆路交通枢纽。

二是为粉碎敌人的进攻行动，必须加强中央和沃罗涅日方面军的航空兵，主要是歼击航空兵，而且每个方面军至少加强10个反坦克炮兵团。

三是利夫内、卡斯托尔诺耶、利斯基、沃罗涅日、耶列茨地区最好有最高统帅部的强大预备队。

两天之后，也就是4月12日，沃罗涅日方面军的指挥员也提出了自己的建议：

目前沃罗涅日方面军正面之敌为：

1. 前线有9个步兵师（第26、68、323、75、255、57、332、167和1个番号不明的师）。

▼ 苏军战士依托坦克向德军射击。

这些师盘踞在红十月村、大切尔涅特奇纳、克拉斯诺波利耶、卡扎茨科耶一线。据俘虏交代，番号不明的师调往索尔达茨科耶地区，与步兵第 332 师换班。

这些情报正在核实。有未经核实的情报说敌第 2 梯队有 6 个步兵师。这些师的位置尚未查明，此情报也正在核实。

据无线电侦察情报，发现哈尔科夫地区有一个匈牙利师司令部。该师可能是调往次要方向的。

2. 敌人目前共有 6 个坦克师（"大日耳曼"、"阿道夫·希特勒"、"骷髅"、"帝国"、第 6 及 11 坦克师，其中 3 个在第一线，另 3 个 "大日耳曼"、第 6 和 11 坦克师在第二线）。据无线电侦察情报，敌第 17 坦克师司令部已由阿列克谢耶夫斯基迁往塔夏戈夫卡，这说明第 17 坦克师正向北移动。据现有兵力看，敌人有可能由西南方面军地段向别尔哥罗德地区增调 3 个坦克师。

3. 这样，敌人在沃罗涅日当面预计能够组建兵力多达 10 个坦克师、至少 6 个步兵师的突击集群。该集群共有 1,500 辆坦克，预计会集中在鲍里索夫卡、别尔哥罗德、穆罗姆、卡扎奇亚洛潘地区。该集群可能获得 500 辆左右的轰炸机和至少 300 架歼击机的强大航空兵支援。

敌人可能打算从别尔哥罗德地区向东北、从奥廖尔地区向东南进行向心突击，合围别尔哥罗德、库尔斯克一线以西的我军部队。

此后，预计敌人会在东南方向向我西南方面军的侧翼和后方发动突击，以便随后在东北方向作战。

但是不排除敌人今年内会放弃向东南进攻的计划而实施另一计划的可能，即从别尔哥罗德和奥廖尔地区实施向心突击后再向东北进攻，向莫斯科迂回。

应考虑到这种可能性并相机准备预备队。

所以，敌人极有可能在沃罗涅日方面军正面从鲍里索夫卡、别尔哥罗德地区向旧奥斯科尔方向发动主要突击并以部分兵力向奥博扬及库尔斯克实施突击。预计辅助突击应在沃尔昌斯克 – 新奥斯科尔方向及苏贾 – 奥博扬 – 库尔斯克方向实施。

目前敌人尚未做好大规模进攻的准备。预计进攻发起的时间不会早于今年 4 月 20 日，极有可能在 5 月初。

但是，预计局部进攻随时可能发生，所以要求我军必须长期做好高度战斗准备。

可以说，凭借其丰富的军事经验和卓越的军事才能，临危授命的朱可夫以及一些高级战略指挥员的预测与法西斯德国统帅部的实际意图基本相符。

No.2 以退为进的作战计划

尽管朱可夫认为对德军不宜采取主动进攻的方式，但是在苏军指挥部3月末结束冬季交战后制订的夏秋作战计划中，原本是打算对德军发动一系列进攻的。

当时，苏联最高统帅部认为苏军已经掌握了苏德战场的战略主动权，而且在兵力兵器方面也超过了德军，因此可以开展广泛的进攻活动，并计划在西南方向实施主要突击。为了实施该计划，大本营预备队在4月初就已经有6个诸兵种合成集团军、2个坦克集团军和不少独立兵团补充完毕。

从4月份起，苏军高级将领们就对如何应对德军的计划展开了一场争论，斯大林和沃罗涅日方面军司令瓦杜丁倾向于发动一场先发制人的进攻，以打乱德军的进攻准备并夺回在3月份失去的战略主动权。而朱可夫、华西列夫斯基和安东诺夫则认为苏军应先保持防御状态，以坚强的防御消耗掉德军进攻能量，摧毁其装甲兵力，然后再发动自己的战略进攻。

当斯大林在两种作战计划选择中犹豫的时候，直接藏身于德军内部的"露西情报网"对斯大林的决策起了至关重要的作用。

"露西"是一个苏军间谍的代号，他的真正姓名是鲁道夫·罗斯勒，是一个住在瑞士的德国人，但非常反对纳粹思想。一次大战期间，他曾在德国陆军服役，并和10个熟识的士兵组成了一个小团体，战后继续留在军队里（是凡尔赛条约所允许的10万名官兵之一），其中5名后来都晋升为将军。10人中有8人在陆军总部服务，另外2人则在空军位居要职。

这10个军官都非常唾弃纳粹，认为那是野蛮人才有的错误想法，并认为德军只有战败，德国才有可能获得重生。加上他们又分别在作战、补给运输、军需生产及通信部门任职，除了消息灵通之外，传递情报的渠道也很多，对他们的情报工作颇有助益。情报传送得非常迅速，往往陆军总部的命令还没有送达负责执行的德军野战指挥官手中，他们即已先一步将情报送到莫斯科了。传递方式非常简单：先由内部间谍把所获情报转成密码后，从德军最高统帅部通信部门发给瑞士的罗斯勒，再由罗斯勒本人或助手转送到莫斯科。

过去，"露西情报网"曾帮助苏军打赢了莫斯科保卫战及斯大林格勒保卫战，并在1942年春天，帮助西南方面军在收复哈尔科夫失败后，仍得以突破重围。

这样，苏联在4月初希特勒签署6号命令的前两个星期，就知道了德国真正的企图，这比冯·曼施坦因考虑发动"堡垒"作战的日期整整早了一个月。

当然，可信性再高的情报来源也有失误的时候。为了确保情报准确可靠，4月3日，华西列夫斯基下令各个方面军和各级情报机关加强对德军下一步行动的侦查。根据这个命令，从苏军各个方面军的侦察部队到苏联在海外的谍报网都开始了紧张的工作。越来越多的情报表明，德军将在库尔斯克地区发动一场大的进攻，关于作战计划的两种争论逐渐趋于一致。

4月12日，斯大林、朱可夫、总参谋长华西列夫斯基和副总参谋长安东诺夫出席了大本营会议。

会上，朱可夫对形势进行了深刻的分析，他首先指出：

"希特勒出于政治、经济和军事战略上的考虑，将会不惜一切代价竭力守住芬兰湾到亚速海这条战线。"

当看到其他与会者对此没有任何异议之后，朱可夫接着说：

"尽管目前德军的有生力量已经受到重创，但是，他们还是有能力装备某一战略方向的部队，在库尔斯克突出部地区准备一次大规模进攻战役，试图以此粉碎我中央和沃罗涅日方面军该处的部队。"

"如果德军这一计划得逞，这可能使整个战略态势向有利于德军的方向转变，至于此役会大大缩短德军的整个战线、提高其防御的战役总密度就更不用说了。"

"当前，我们虽然已经掌握了战略主动权，并有能力采取积极的进攻行动，但是，我们在所有重要方向上，特别是库尔斯克突出部地域，必须建立牢固的、纵深梯次配置的

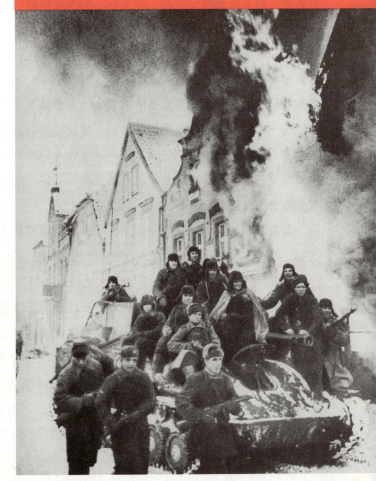

▲ 新近参军的苏军战士准备投入到库尔斯克战役之中。
▼ 搭乘坦克作战的苏军步兵准备迎击德军。

▲ 苏联 45 毫米反坦克炮炮手正在阻击德军坦克。

防御。"

朱可夫的话引起与会者之间的争议，与会者开始小声争论起来。

"之所以采取这一行动，是有原因的。"朱可夫没有受到其他人的干扰，继续说道："德军已经装备了新式坦克和强击火炮，要对付它们相当困难。只有利用预有准备的防御的有利条件，在防御交战过程中削弱德军强大的坦克集团，才可能为我军转入反攻创造良好的条件。"

此时的朱可夫，已经成为苏军的副统帅，并成为野战指挥员中第一个晋升元帅军衔的人。斯大林已经从他在列宁格勒、莫斯科、斯大林格勒等规模巨大的会战中的出色表现，进一步认识到了他的价值。因此每遇重大的棘手问题，斯大林总是首先想到要找朱可夫。对朱可夫的意见和建议，他也总是给予高度重视。他相信朱可夫的判断力。

经再三考虑，斯大林决定采纳朱可夫的方案，先以大纵深梯次性防御阵地、强大的火力、猛烈的航空兵突击及战略预备队的反突击迎击德军的进攻，在消耗和疲惫敌人之后，在别尔哥罗德－哈尔科夫方向及奥廖尔方向上发动猛烈的反攻以彻底粉碎敌人。随后，在所有重要的方向上发动深远纵深的进攻战役，将战线大幅度地向西推进，解放顿巴斯和整个第聂伯河左岸乌克兰地区，肃清塔曼半岛上的德军登陆场，解放白俄罗斯东部地区，并为最后把德军完全逐出苏联国土创造条件。

与莫斯科和斯大林格勒不同，在库尔斯克地域转入防御不是被迫的，而是按计划组织的防御，苏军并没有丧失在冬季战斗中夺取的主动权，只不过是选择了对自己有利的军事行动。

确实，一般情况下，军事实力强大的一方有意识地转入防御在战争史上是极其罕见的事。之所以能定下这样的计划，说明苏军最高统帅部能够创造性地解决战争的战略任务，在敌人尚具强大的实力的情况下发动进攻，将付出巨大的努力和伤亡；而在敌人经过徒劳无益地攻击、元气大伤之后，再转入反攻，却可以以较少的伤亡取得大得多的战果。

按照计划，自奥廖尔方向抗击德军的进攻由中央方面军负责，而抗击自别尔哥罗德地域的进攻由沃罗涅日方面军负责。在完成防御任务之后，苏联军队在奥廖尔和别尔哥罗德－哈尔科夫方向转入反攻。其中，奥廖尔方向进攻战役的代号为"库图佐夫"，由西方面军、布良斯克方面军的左翼军队和中央方面军右翼军队实施；粉碎别尔哥罗德－哈尔科夫集团，由沃罗涅日方面军和草原方面军的兵力在西南方面军的协同下实施，代号为"鲁缅采夫统帅"战役。

其中，草原方面军将在战役中负有极大的责任。作为一支强大的战略预备队，该方面军部队受领的任务是阻止无论是自奥廖尔方向还是自别尔哥罗德方向的德军的纵深突破，当转入反攻后再从纵深增强突击力量。

此外，在粉碎了库尔斯克突出部地带德军集团之后，苏军将在西南和西部方向上展开总进攻，击败德军"南方"和"中央"集团军群的主力，并集中主要兵力进攻"南方"集团军群。摧毁德国从大卢基到黑海的防线，解放乌克兰左岸最重要的经济区，攻克第聂伯河战略地区，把战线推离莫斯科。

当然，在大本营会议上还讨论了另一种方案：如果德统帅部在近期内不进攻库尔斯克，苏联军队将转入积极的行动。

No.3 斯大林有力的战前动员

斯大林之所以同意采纳朱可夫后发制人的战略，除了他对朱可夫的信任和对战场形势的正确判断之外，还因为他手里有他确信能够有效对付希特勒坦克部队的"撒手锏"。

首先，斯大林相信苏联经过动员后的战争潜力要远远大于法西斯德国。

鉴于德国集中军事实力以求在东线得到突破这一事实，苏联最高统帅部认为战争将要求

▼ 古比雪夫的苏联米格战斗机装配线。

苏联人民及其军队要再次全力以赴，动员全国的人力、物力和精神力量给敌人以有力的打击。为此，最高统帅斯大林在 1943 年 2 月 23 日第 95 号命令中，向全国人民发出了动员："红军仍面临着对付奸诈、残忍而且暂时尚称强大的敌人之严峻斗争，这一斗争要求付出时间，作出牺牲，要求我们继续努力并动员一切力量。"

社会主义制度的优越性使苏联的军事经济显示出了压倒德军经济无可辩驳的优越性。1943 年苏联的工业总产值比 1942 年增长了 17%，在技术兵器、装备和弹药的生产方面，更是取得了突飞猛进的突破。

在航空工业方面，1943 年，苏联共生产了近 35,000 架飞机，并实现了该工业的现代化和掌握了生产新型歼击机、强击机及轰炸机的技术，其歼击机在战术技术性能上大大优于德军相应型号的飞机。

在坦克装甲车方面，T－34 型坦克已经可以大批量生产，并源源不断地供应苏军坦克部队了。要知道，T－34 型坦克，是被公认的第二次世界大战中最优秀的坦克。它不仅履带宽，对地压强小，通行性能好，而且履带行驶速度与负重轮行驶速度一致，在一条履带被打断时，仍能正常行驶，更重要的是，T－34 坦克拥有极强的火力。在德国"豹"式、"虎"式坦克出现之后，苏军又根据德国新型坦克的性能对 T－34 坦克及时做了进一步改进。

除了 T－34 型坦克外，KB 型系列重型坦克也足以让德军心惊胆战。这种重型坦克的鼻祖，具有"陆上战列舰"的美誉。为了在库尔斯克战役中更加有效地成为德国坦克的"克星"，苏联对 KB 型重型坦克又作了一些改进，使其具有更大的威力。

如果说德国"豹"式、"虎"式坦克是希特勒手中的两张"王牌"的话，那么 T－34 型坦克和 KB 型系列重型坦克算得上是斯大林的"撒手锏"了。不同的是，斯大林手中底牌的点数要高于希特勒，这不仅由于苏联坦克的综合性能略高于德国坦克，还有其他一些重要因素。

首先，苏军新型坦克的数量远远超过德军。1943 年，苏联共生产了 24,400 辆坦克。T－34 型坦克和 KB 型坦克源源不断地从生产线上制造出来，开往前线。T－34 型坦克已成为苏联陆军的主力战车，而德军的新式坦克只占其坦克数量中极少的部分。苏军的 5 个坦克集团军已经淘汰了轻型坦克，装备的是清一色的 T－34 新型坦克。坦克军内的坦克数量从 1942 年的 168 辆增至 257 辆。苏军机械化军内的坦克数量也急剧增加。

其次，苏军坦克部队的综合素质大大提高。坦克军内编配有相当数量的自行火炮。随着大量的美国卡车和吉普车运抵苏联，苏军坦克兵和机械化部队已实现了摩托化，其编成内的炮兵已告别了骡马牵引的时代，正走向摩托化和自行化。为了增强与坦克作战的能力，还增编了反坦克自行火炮团。从经验方面看，苏军的坦克部队已在战火、挫折和胜利中成长起来，指挥、通讯系统完善，不必再像当初那样用旗语联络，能够灵活调动数千辆坦克战斗。

另外还有一个十分重要的情况，就是苏军认真研究和吸取了英国陆军在北非沙漠抗击德军坦克突击的经验和教训。在 1941 年的"十字军行动"和 1942 年阿拉曼战役中，英军在对付德军集群坦克突击方面，既有深刻的教训，也有成功的经验。据英国人称，苏联军方在 1943 年春，曾仔细向英国驻莫斯科军事使团询问两次战役的细节。这对于苏军组织实施将要进行的库尔斯克坦克大会战，无疑有极大的帮助。

除此之外，苏联还加大了火炮、冲锋枪等自动武器的生产。在弹药，特别是高射炮弹、超速弹和具有巨大穿甲能力的空心装药炮弹的生产上，苏联也实现了决定性的飞跃。1943 年一年中，共生产了 8,580 万发炮弹、7,570 万发迫击炮弹和 1,000 多万枚航空炸弹。

与发布了"保卫帝国总动员令"的德国相比，1943 年苏联比德国多生产了近 1 万架飞机、一倍多的坦克和自行火炮、其他各种火炮和迫击炮。

在武器装备日益增多的同时，苏军也在编制体制方面采取了一系列的调整措施。

早在 1942 年就开始进行的编组步兵军的工作继续进行，到 1943 年 4 月初，作战部队中的步兵军数量为 34 个，到 7 月份增加到 64 个，并且增加了冲锋枪和火炮、迫击炮的配置数量。

原来的 4 旅制炮兵师于 4 月份开始改编为 6 旅制炮兵师，并定名为突破炮兵师。改编后的炮兵师拥有 356 门火炮和迫击炮，比原先增加了 108 门。4 月 12 日，苏联国防委员会又决定建立由两个突破炮兵师和一个火箭炮师组成的突破炮兵军。突破炮兵军拥有 496 门火炮、216 门迫击炮和 864 部 M－31 发射装置，具有强大的火力。其他种类的炮兵也在组织上进行了改变：重榴弹炮兵编成大威力炮兵旅、建立了重加农炮兵师、防坦克歼击炮兵旅、火箭炮兵师和 4 团制高射炮兵师。

　　装备了新式飞机的苏联空军也进行了极为重要的改组。不仅增加了人员的数量，而且也提高了前线航空兵和远程航空兵的质量。各空军集团军都增建了新的航空兵兵团，并增加了飞机的数量。到 1943 年夏季，歼击航空兵团和强击航空兵团飞机的数量均从 32 架增至 40 架，其战斗力都得到了极大的提高。同时，苏联飞机生产数量也在不断增加。截止到 4 月 1 日，苏联作战部队共拥有作战飞机 5,892 架，其中新式飞机占 84%。7 月初，作战飞机总数达到了 10,252 架，新式飞机为 8,948 架。

　　为了更好地抵御德军的进攻，苏联方面还在库尔斯克突出部构筑了坚固的防御阵地。

　　按照作战计划，苏军在库尔斯克突出部需要构筑 8 道防御地带和地区，其纵深要达到 250 ~ 300 公里。其中，第一梯队每个集团军构筑 3 道防御地带。此外，中央方面军和沃罗涅日方面军还要构筑三道方面军防御地区。在库尔斯克突出部以东，草原军区的军队也沿防线构筑防御工事。

　　为了尽快完成防御体系的构筑，在库尔斯克、奥廖尔、沃罗涅日和哈尔科夫等州前线附近解放区的居民同军队一起构筑防御工事。

　　4 月初，库尔斯克州党委会举行全会，研究了组织支前的问题。中央方面军、沃罗涅日

▼ 苏联军工厂即将出厂的火炮。　　　　　▼ 苏联飞机制造厂正日夜工作生产歼击机。

方面军首长参加了全会的工作。各市委、区委和基层党组织积极动员居民参加构筑防御工事、机场和飞机着陆场。大量的劳动人民投入到修筑公路、土路，修复铁路干线，支援野战医院的工作中。4月份，在库尔斯克州的工人和集体农庄庄员有105,000人，6月份达到30万人之多。奥廖尔州和沃罗涅日州的数千万居民沿顿河和奥斯科尔河构筑了防御地区。

修筑防御工事的工程作业量十分巨大。仅仅在沃罗涅日方面军就挖了4,240公里堑壕和交通壕、28,000多个步兵掩体，构筑了约55,860个反坦克枪和轻重机枪掩体，5,300多个指挥所和观察所，构筑了17,500多个地下室和掩蔽部，设置了600多公里的铁丝网。中央方面军完成的工程作业也差不多。

在防御体系中，四通八达的堑壕和交通壕是防御阵地工程的基础。如此大规模的阵地配系，在苏联卫国战争中还是首次。在中央方面军和沃罗涅日方面军地带，就构筑了近10,000公里的堑壕和交通壕。

由于德军主要是用坦克对苏军防御阵地冲击，苏军构筑的防御工事首先就是着眼于防坦克。苏军通过建立防坦克支撑点和防坦克地域的方法构筑成了对坦克的防御。防坦克支撑点通常构筑在营或连的防御地域内，防坦克地域则单独构筑或构筑在团防御地段内。同时，苏军防坦克支撑点和防坦克地域的火力配系还同暴露的和遮蔽的发射阵地上的炮兵火力以及防坦克预备队相配合。苏军建立的防坦克的纵深达到30至35公里。所有的火力都将根据敌人可能实施突击的方向大量集中地加以使用。

为了抗击德军大量航空兵的突击，苏军还在库尔斯克突出部地域各方面建立了坚强的对空防御。各个方面军的对空防御集团包括9个高炮师、26个独立的小口径高炮团、7个个别独立的中口径高炮营，共有10,026门高炮，从而能构成两三层高炮火力来掩护部队的战斗队形。为了确保空中的优势，苏联还计划使用国土防空军的航空兵和高射炮兵。

为了保证铁路干线的安全，苏军早在1943年春就开始了考虑库尔斯克突出部的各铁路供应线的防空，集中了大量的国土防空兵力。苏军部署的国土防空军的密度十分大，大约配置了200余架歼击机，760门高射炮，560挺大口径高射机枪，125架对空探照灯。

在组织对空防御时，苏军还特别注意突出重点，集中大量兵力兵器于重点目标，如铁路枢纽和桥梁。为了掩护这些重要目标，动用了近67%的中口径高射炮和52%的小口径高射炮。

苏军统帅部在建立防御体系时，还充分考虑了后勤保障的需要，尽一切可能保障部队作战和生活的需要。

苏军统帅部预见到在库尔斯克突出部会有较大规模的战斗，从而进行了一切可能的准备，以便完全保障军队有充足的弹药、油料和粮食。方面军弹药的储存量平均达到2.5个基数。

对于弹药、油料和粮食的储备，苏军坚持宁愿多、不能少的原则。正如中央方面军原后勤主任安季佩科将军所指出的："这个决定带来了大量的实际工作。假如我们以前在炮兵发射阵地上摆 1.5～2 个弹药基数，那么，在库尔斯克弧形地带上就要按照各种口径给每门炮的炮位上摆 5 个弹药基数。""如果我们在方面军仓库里留下 1/2 的炮弹，准备在防御交战过程中使用汽车运送军队，我们就会来不及在短期内把弹药送上去，而缺少弹药则不可能不影响到整个防御的稳定性。"

大量的弹药、油料和粮食，需要繁重的运输工作。苏军的后勤机关在战争准备中是卓有成效的。后勤机关在会战开始前，就将主要铁路干线、供水站、通信联络和其他目标全部恢复。在会战准备期间，这些运输干线完成了大量的运输任务，给方面军向库尔斯克弧形地带发了 3,572 辆军列，其中有 1,410 辆军列运输火炮、坦克、最高统帅部预备的部队，约有 15 万节车厢运输物资器材。

考虑到战争的极端残酷性，苏军的医疗机构也在战前做了大量的工作，进行了细致周密的准备。在方面军和集团军基地，中央方面军开设了 84,600 个床位，沃罗涅日方面军开设了 94,600 个床位。

5 月 2 日、8 日和 19 日，苏联最高统帅部多次向前线各部发出了德军即将发动进攻的警报，但这些日子都平安地度过了，在前线除了双方的空军对对方目标发动了袭击以外，显得十分平静。由于德军一再推迟"堡垒"战役发起的时间，使苏军赢得了整整 3 个月的准备时间，在库尔斯克弧形地带建立起了最密集的防御体系。

▼ 参战的苏军 T-34 坦克。

▲ 苏联拉 –2 型攻击机配合地面部队执行攻击任务。

第四章

抢夺制空权

　　为了"堡垒"计划，希特勒放弃了欣赏音乐的爱好，然而，战事的发展与他的身体状况一起恶化。与斯大林一样，希特勒意识到夺取空中优势是这场战争的关键，双方围绕战略制空权展开了一系列地争夺。然而，在空中较量中，希特勒又一次落了下风。不过，空中的激战并没有使双方放慢陆上大战的准备，火药味已经隐约可闻……

No.1 希特勒寝食难安

苏德战场上，战略制空权一直是双方争夺的焦点。这一斗争在1943年春季和夏季库尔斯克战役打响之前达到了白热化，不仅规模最大，而且也最为激烈。

东普鲁士的景色是相当迷人的，初升的太阳映照着一大片红色的三叶草，绿色的牧场上奶牛在悠闲地咀嚼，蔚蓝的天空上飘浮着洁白的云彩。

晚饭后，位于东普鲁士附近的拉斯腾堡8公里远的"狼穴"里异常寂静。

随着战争的继续，原计划为打一场闪电战建造的"狼穴"越建越大，里面的设施也已经十分齐全。

晚上7点钟，本来是希特勒看电影、听音乐的时间，希特勒是非常喜欢听音乐的，尤其是贝多芬的交响乐、瓦格纳的歌剧片和胡戈·沃尔夫的曲子。在斯大林格勒战役之前，希特勒经常在晚上举办音乐会。每当音乐声响起来的时候，希特勒就闭目静坐，聚精会神地欣赏起来，仿佛忘掉了一切。

对希特勒来说，他喜欢的曲子往往播放数次，参加晚会的听众一般都可以熟练地说出唱片的编号。假如希特勒说："阿依达的最后一幕《封墓》。"那么，听众中就会有人把唱片编号告诉仆人："第一百多少多少号。"

斯大林格勒战役之后，希特勒不再听音乐了。特别是在库尔斯克战役打响之前，音乐欣赏已被他无休止的唠叨所代替。

也许是白天的神经太过紧张，晚上的希特勒需要尽情地发泄。然而他说来说去都是相同的内容：他在维也纳度过的童年、斗争年代、人类历史、微观世界和宏观世界等等。就大多数话题而言，他所讲的别人早已知道，听过数遍。

希特勒的紧张已经掩饰不住了。

医生检查的结果显示：希特勒的健康状况仍然在恶化，心电图表明影响他心血管的冠状动脉硬化正在迅速发展，他的胃病也有加重的趋势，失眠也越来越严重。这一切似乎都是令人沮丧的战事造成的。

确实，一方面，一再推迟的"堡垒"计划让他寝食难安，另一方面，轴心国在突尼斯即将失败的战局也时时困扰着他。

冯·阿尼姆将军的25万军队正在缺少弹药、食物和燃料的情况下，在不断缩小的桥头堡上顽强地进行后卫战斗。由于失去了意大利海军的支援，德国的供应船只无法开过来，而敌人的战斗机更是使德国的容克运输机遭受惨重损失。到了4月末，阿尼姆便只剩下76辆坦克了，而且燃料极度缺乏，只能被迫开始从劣等酒中提取燃料。

▲ 在北非战场上，英军士兵利用德军遗弃的坦克作掩护与德军作战。

　　为了扭转局面，希特勒派瓦尔利蒙将军去罗马向吓得发抖的意大利海军重新施加压力。临行前，希特勒特地对瓦尔利蒙进行了口授，要瓦尔利蒙对意大利说，坦克和陆军师也像战舰一样"好看"。"不战斗在道义上是没有理由的，遵守道义的唯一办法是战斗并赢得这场战争。不道德的行为是输掉这场战争，不打就让自己的船只匆忙跑掉。"

　　然而，这要求对于意大利来说等于零——意大利海军依然龟缩在海港里。更令人恼火的是，几天以后，希特勒听说"维托利奥文奈托"号战舰已经秘密地用无线电给英国在马耳他的大本营传送有关德国供应护航队靠岸的情况。

　　5月6日，英国第一军团冲破了阿尼姆在山口的防御，进入突尼斯。两天以后，德国空军——现在面对着4,500架战斗机和轰炸机，从而放弃了它在北非的飞机场。

　　尽管参谋总长凯特尔写道："只要有可能，元首和意大利领袖决心在突尼斯继续战斗，"但是，阿尼姆的师由于用尽了弹药，一个一个地都被包围了。

而同时，墨索里尼能否控制住意大利的局势也令希特勒不放心。

5月7日，瓦尔利蒙从罗马回来，似乎带来了宽慰人心的消息——关于墨索里尼的健康状况和个人的评价。即只要意大利领袖对此事件严加控制，失去突尼斯不会给意大利带来灾难。

然而，希特勒这次却十分清醒。对于意大利的表现，他已经不再那么有把握了。他对下属们说："意大利领袖和法西斯党不管遇到什么艰难险阻，都和德国站在一起。"但是，"军官团中的一部分人——上层的多，下层的少——已经倾向于媾和。某些有影响的人士是很爱朝三暮四的。"

但是，希特勒说，他计划给在意大利的法西斯分子提供武装支援，以支撑他抵抗敌人。同时，阿尼姆继续战斗的每一个星期对轴心国的事业都是很重要的。

冲锋队参谋长维克多·卢策的死更增添了希特勒的悲凉之感。5月6日，冲锋队参谋长维克多·卢策在一次高速公路的事故中死去。希特勒打算利用国葬来表示他对冲锋队的怀旧之情。

▲ 被英军俘虏的德国"非洲军团"的士兵。

葬礼很隆重。选自《众神的末日》的音乐深深地打动了希特勒。在宴请了纳粹党的领导人之后，在 4 点钟，希特勒发表了他的演讲。

首先，希特勒严肃认真地重复了老套的话，严肃警告在座的党首们不要在高速公路上疯狂行驶，这种事似乎担任高级职务的人经常干。

之后，希特勒向他的地方长官们大肆宣讲战争的意义。他一再重复，这场战争是以资产阶级和革命国家之间的一场战斗开始的，在战斗中，前者曾轻而易举地被推翻了。但是，现在，在东方他们面对一个和自己的世界观一样的国家，它的犹太布尔什维克的思想渗透进军队，这种热情和精神只有他的党卫军的师能比得上。

这就是为什么他本人作出"必须把犹太人赶出欧洲"这一决定的原因，希特勒提高了嗓门。

在战前的大清洗中，斯大林没有毁灭红军，反而是加强了红军。与此同时，采用政委制使军队的战斗力普遍增强了。

斯大林统治下的苏联人团结一致：25 年来，斯大林残酷无情地干掉了他的反对派，因为斯大林没有教会分子对他加以限制。

我经常担心的是，我们日耳曼民族——这一高贵的种族——不能永远保持我们在东方巨大的劳动力储备上的优势。成吉思汗的部落会不等德意志帝国有力量把他们挡住，就已经深入到被称作闪光宝石的欧洲中心。

现在，德国必须独自首当其冲反对亚洲。斯佩尔的庞大的坦克计划将保证东线的胜利，同时，邓尼茨的潜艇把西方犹太人养育的战争贩子置于绝境。

希特勒对他的下属们说，自从"巴巴罗萨"开始以来，斯大林已失去了 1,300 万士兵。因此，即将来临的夏季攻势，具有重要的意义，"德国支配全欧洲的时代即将来临"。

然而，很快，潜艇战役的失败就使得希特勒只能寄望于"堡垒"计划了。

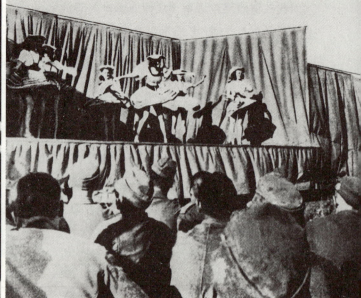

▲ 希特勒向他的部下们大肆宣讲战争的意义。 ▲ 德军组织了慰问团前来给士兵打气。

也就是在希特勒发表讲话的第 2 天，在一次护航战役中，德海军 5 艘潜艇被击毁。同盟国的空中巡逻加强了，而且他们显然使用某种秘密装置来探测潜艇。与 4 月份失去 14 艘潜艇相比，5 月份德军失去了 38 艘潜艇。要知道，在 3 月份的时候，德军潜艇还能够毁掉敌人的 875,000 吨船运货物。5 月 24 日，邓尼茨不得不停止在北大西洋的进攻，否则他就会失去整个前线。

希特勒早就预料到潜艇要遭到这种失败——长期以来他们干得那么漂亮，他曾为之惊叹。因此，希特勒没有责备海军。希特勒知道，如果邓尼茨击沉敌人船只的速度不超过他们建造的速度，战争就不能打赢。他命令邓尼茨的潜艇生产计划从每月 30 艘增加到 40 艘，并批准了邓尼茨的建议，把所有海军建设工作转移到斯佩尔的海军部。

但是，对于邓尼茨增加 15 万人进行海军扩大生产的计划，希特勒没有答应。希特勒告诉他："我没有人。我现在还要增加高射炮和夜间战斗机防御工事，以保卫我们的城市。同时，东方前线也得加强，陆军需要一些师完成保卫欧洲的任务。"

希特勒低估了苏联及其武装力量的潜力，他认为东线的危机已经过去，通过总动员将在人力物力资源方面取得优势，以便对苏军采取积极的进攻行动。

在发动新的进攻之前，按照希特勒的意思，德国宣传机关对军民进行思想灌输工作时，大肆吹嘘"德军的英勇精神"，宣扬苏德战场的形势已经发生有利于德军的变化。5 月 10 日，希特勒在告士兵书中写道："多亏我们在东线战斗的士兵决心再次立下了丰功伟绩，世界上任何军队都经受不住的一场危机被我们顺利地克服了。"

希特勒领导的德国政治和军事领导集团极其重视"堡垒"计划。

对此，美国历史学家凯丁指出："比起单单一个库尔斯克或者在地理上向北、向南和向东推进，这里所下的赌注要大得多，这就是对苏联人进行无情的摧残，它不会在图表和地图上反映出来，但却正是德国人计划的实质，即耗其实力，伤其元气，制造离乱，屠杀人民，掠夺财富……尔后，如果'堡垒'战役的进展能如希特勒之所望，接着就可向莫斯科发动新的大规模进攻，下一步德军将采取闪电式袭击占领瑞典，再下一步，他……将加强驻意大利的德军，以击退盟军的入侵，将盟军赶下海去。因为他已知道，这一入侵即将到来，他将向大西洋壁垒派出强大的增援部队，其兵力可能足以打断英国入侵军的脊梁骨……在库尔斯克城下决定的不仅仅是苏联人的命运，而且是战争本身的命运。"

纳粹领导集团把东线的进攻看做是一次军事行动，又看成是一次极为重要的政治行动。5月份，国防军参谋长凯特尔在总理办公厅举行的会议上指出："我们的进攻应当从政治上考虑。"

希姆莱4月份在哈尔科夫对党卫军坦克军的军官讲话时也声称："命运就在这儿，在东线决定……在这里应将苏联人作为人和一支军事力量加以消灭，叫他们淹死在自己的血泊中。"

▼ 雅克 -9 型战机自大战中期起成为苏联空军主力，在对德战争中立下了赫赫战功。

▲ 盟军的轰炸严重打击了德国民众的士气。

希特勒明白，叫苏联人淹死在自己的血泊中不是一件容易的事，除了充分的准备之外，他在寻找更有效、更稳妥的办法。

盟军对德国的轰炸提醒了他。

1943 年夏天，盟军的飞机已经开始频频光顾德国的上空了。每天夜晚，英国的轰炸机都会袭击鲁尔区的某个城镇。首先，英国飞机照例放出一阵阵令人胆寒的彩色烟火，预告他们的到来，然后在大街上和住宅区丢下一两千吨炸弹。即便是在德国密集的防空火炮的打击下，有时一个夜晚英国会损失三四十架轰炸机，但是这好像也没有使他们退缩。甚至有几架轰炸机炸毁了鲁尔水库的水闸，放出水库的水淹没了坝外熟睡的平民百姓。

有时候，英国在白天也会向德国境内派去小型快速轰炸机。这些轰炸机，有时候是成编队飞来，有时是单个的"蚊子"相继飞来，每个都带一吨炸弹，在柏林上空一飞就是几个小时，迫使几百万居民躲藏起来，直到解除警报。

盟军的轰炸对德国造成了巨大的损害，其中，对公众士气的损害超过了对工业的损害。单是在多特蒙德一个地方，一夜间就有十万人失去了家园。

尽管米尔契提醒说，当柏林真正的大轰炸到来时，人们就该不再注意这警报了，但希特勒仍然命令照例发出警报，哪怕这样做只能解救一两个人的生命。

毫无疑问，希特勒意识到空中优势是这场战争的关键。在发动库尔斯克战役之前，德军必须使用空中力量软化苏联军队的实力。

No.2 苏联空军的两次战役

早在斯大林格勒战役中，德军损失了大量飞行员和飞机。之后的库班河地区空中交战中，纳粹又损失了 1,100 余架飞机。但是，为了确保库尔斯克突出部战役的胜利，德军必须夺回战线南翼失去的主动权并保持战略制空权。为此，希特勒命令不断加强东线空军兵力。为了加强第 4 和第 6 航空队，从 3 月 15 日至 7 月 1 日，德军指挥部从德国、法国、挪威调去了 13 个空军大队，各训练中心也在加速培养飞行干部，以派往作战部队。

无独有偶，苏联军队领导人有着与希特勒相同的想法。

苏联最高统帅部在组织全国武装力量准备 1943 年夏、秋交战时，也对彻底夺取战略制空权和破坏法西斯德军在库尔斯克方向集中部队十分重视。库尔斯克方向上的前线航空兵得到了大本营预备队航空兵军和师的加强。

至 1943 年 6 月，在苏联各方面军的 18 个航空兵军和大本营预备队的 4 个航空兵军之中就有 13 个军驻在库尔斯克一带。其中，歼击航空兵部队装备了大量的新式飞机，这些飞机同德军梅塞施米特－109F 式歼击机相比，具有更大的机动能力和较高的水平速度。

同时，到 1943 年夏季时，经过各种形式的培训，苏军飞行员已取得争夺制空权的经验。其指挥干部在指挥航空兵大兵团作战和组织兵团与战役军团之间的协同动作方面，也都具有很好的素养。此外，苏联远程航空兵也在组织上得到了加强。

在深刻分析空中情况和有关德军计划的侦察材料基础上，苏联最高统帅部决定空军进行两次大规模的空中战役，以粉碎德军的主要航空兵集团。同时，决定在战线整个中段加紧对敌人铁路和公路输送活动的空中袭击。

苏联最高统帅部的考虑是这样的：

在第一次空中战役中，将对从斯摩棱斯克到亚速海海岸宽 1,200 公里正面上敌人的各机场同时实施突然袭击，使谢沙、布良斯克、奥廖尔、哈尔科夫和斯大林诺等各地域的德军航

▼ 苏军攻击机在地面炮兵的配合下，对德军 5 个大型机场进行了密集突击。

空兵主要集团遭受损失。因为在上述地域各机场上驻有德军第6和第4航空队60%的飞机，此役将大大牵制法西斯德军空军的行动。

为了达成战役的突然性，苏联部队要求对空中战役的准备工作严格保密，只有少数人知道战役计划，同时禁止一切涉及这一战役的信件、电报往来和通话。

在发动战役之前，必须做好空中侦察，很快，这一任务由苏联空军侦察员出色地完成了。他们不仅在规定的时间内查明了各机场上德机的驻地和防空兵器，而且找到了德军弹药库、燃料仓库及其他重要设施的配置情况，更是准确地查明了德军的飞行工作规律以及德机和德飞行人员在机场上的时间。

1943年5月4日，苏联最高统帅部在给西方、布良斯克、中央、沃罗涅日、西南和南方等方面军军事委员会的训令中下达了发动第一次空中战役的命令，命令要求完成消灭机场上和空中的敌机以及破坏敌铁路输送和公路汽车运行的任务。

战役定于5月6日开始，各方面军空军集团军对敌人机场实施第一次密集突击的时间从4时30分开始到5时正为止，在尔后的3个昼夜内必须不断对敌航空兵实施突击，对铁路目标的突击则应持续10个昼夜。

苏联空军司令员在5月5日给各方面军空军集团军司令员下达的训令中具体指示了完成规定任务的方法。例如，对已查明有敌机集结的各主要机场，航空兵应同时实施突击；在战役第1日应压制住德军大部分航空兵；当日白天对敌人机场进行反复突击，夜间则出动夜航轰炸机。在发动突击之后的两天内，要继续消灭各主要机场和新发现的机场上的敌机。

为了确保参战飞机的安全，空军司令员在训令中还指示，"必须使用大机群对敌人机场实施突击，并注意抽出足够数量的飞机以压制敌人的高射武器。"

参加第一次空中战役的有6个空军集团军，它们分别是：西方方面军空军第1集团军，布良斯克方面军空军第15集团军，中央方面军空军第16集团军，沃罗涅日方面军空军第2集团军，西南方面军空军第17集团军和南方方面军空军第8集团军。

在战役当中，空军第1集团军对五个大型机场实施了密集突击，其中包括谢沙和布良斯克地域的机场；空军第15集团军由于机场离目标过远只派出两个团参加对奥廖尔地域机场的突击；空军第16集团军所属各航空兵兵团消灭在奥廖尔和纳夫利亚地域的5个机场上的敌机；空军第2集团军对6个机场，主要是哈尔科夫机场群的各机场实施突击，出动了飞机254架次；空军第17集团军部队轰炸了两个机场；空军第8集团军部队轰炸了3个机场。在第一次密集突击中，苏联空军总共袭击了德军的17个机场。

袭击取得了良好的战果。

由于遭到突然袭击措手不及，德军无法进行有组织的抵抗。只能眼睁睁地看着苏联飞机呼啸而来，倾泻下一枚枚炸弹。随着一声声巨响，巨大的火焰升腾起来，一架又一架的德军飞机瘫痪在机场上。

据统计，德军在机场上就损失了194架飞机，匆忙中起飞迎战的21架战机也被击落。而苏联空军仅付出了损失21架飞机的代价。

5月6日白天、5月7日和8日晨，苏联空军接二连三地对德军机场进行了反复突击。在惊惶失措中清醒过来的德军加强了反击力度，为了压制德军越来越强的抵抗，苏联空军增加了担任压制敌人防空兵器任务的兵力，并增加了掩护轰炸机和强击机的歼击机数量。

但是，由于德军指挥部已将一些部队转至各后方机场，并对停在各机场上的飞机也进行了非常仔细的伪装，而且加强了值班歼击机的兵力，后来进行的几次突击收效不大。

鉴于开始实施突击时的突然性已不复存在，苏联最高统帅部大本营下令暂停对德军机场实施突击。

第一次空中战役就这样结束了。

然而，第一次空中战役作为苏联伟大卫国战争时期众所周知的一次规模最大的空中战役，极大地鼓舞了苏联军队的士气。在这3个昼夜期间，苏联空军共出动了飞机1,400余架次，歼灭德军飞机达500余架，苏军航空兵仅损失飞机122架。尽管在这次战役中，德军的空军力量并没有遭到完全毁灭，仍能对其部队进行支援，并有能力继续袭击苏联重要的铁路枢纽、工业中心和机场，但这次战役的结果使战线中段和南段苏军的空中形势大为改观。

第一次空中战役结束后，根据苏联最高统帅部的决定，空军在6月上半月实施了第二次空中战役。

与第一次战役不同，这次战役的目的是粉碎敌人轰炸航空兵集团，迫使敌人减少其轰炸航空兵对苏联军事工业目标和伏尔加河流域各城市的夜袭。为进行此次战役，苏联动用了前线航空兵的3个空军集团军（第1、第15和第2集团军）和远程航空兵的轰炸航空兵兵团。

战役于6月8日开始。

6月8日傍晚，太阳刚刚落山，西边天空的晚霞还红彤彤的。被太阳蒸晒了一天的大地开始凉爽起来，微风吹在身上也有了几分惬意。

突然，德军在谢沙、布良斯克、卡拉切夫、奥廖尔和博罗夫斯科耶各机场的上空传来了飞机的轰鸣声。紧接着，机场的空袭警报也拉响了。

与第一次空中战役不同，苏军之所以选择傍晚而不是清晨实施突击，是为更好地达成空袭的突然性。而选择这些机场，是因为对苏联发动夜袭的飞机都是从这些机场起飞的。

▼ 苏军歼击机警惕地护卫着首都莫斯科上空的安全。

然而，这次实施的突击没有能够取得充分的突然性效果。因为德军已经从苏联空军五月战役中吸取了教训，其对空防御始终保持着完全战斗准备状态。

当然，第二次战役的战果也是明显的。凡是使用大机群实施突击、同时又派出大量航空兵兵力压制德军防空兵器的苏联空军集团军，都取得了成功。例如，空军第1集团军对谢沙机场实施突击时，使用了111架飞机，其中就有半数以上的飞机用于压制敌人的高射炮和对付敌人的歼击机，造成德军损失飞机35架。随后的几天内，空军第1集团军又出动飞机160架对谢沙机场实施突击，出动飞机113架对布良斯克机场实施了突击。通过这几次突击，毁、伤德军地面上的飞机76架，击落敌机14架。

与此同时，远程航空兵在3个夜间轰炸了谢沙、布良斯克、奥摩尔、奥尔苏菲耶沃，卡拉切夫、扎波罗热，斯大林诺、博罗夫斯科耶、克林崔等地的机场，共出动飞机达3,360架次。自6月8日至10日的3天空中战役中，德军共有28个机场遭到袭击，245架以上的战机被击毁。

其实，在库尔斯克会战的准备期间，苏联空军更主要的任务是破坏德军的铁路输送和公

▼ 苏军战机频繁出动轰炸德军目标。

路交通。对于这一任务，斯大林在 1943 年 5 月 4 日的命令里明确指出："对敌人的列车实施突击以及攻击敌汽车纵队是我空军最重要的任务。"

为完成上述任务，苏军动用了加里宁、西方、布良斯克、中央、沃罗涅日、西南和南方等方面军的航空兵以及远程航空兵。苏联前线航空兵实施突击的地带极宽，突击深度远至战线以后 200 至 250 公里，远程航空兵突击深度更是达到了 350 至 400 公里。每个空军集团军派出一个强击机团和一个歼击机团，采取"游猎"方法消灭敌方机车、列车和汽车，仅空军第 16 和第 2 集团军即为此目的出动了近 2,000 架次的飞机。

期间，苏联远程航空兵对布良斯克、奥廖尔、戈梅利、斯摩棱斯克、奥尔沙、维亚兹马、诺沃孜勃科夫、乌涅查等铁路枢纽实施了猛烈的夜袭，自元月 1 日至 5 月 5 日，远程航空兵为破坏德国铁路输送总共出动了飞机 15,000 架次。经过前线航空兵和远程航空兵配合一致的突击，德军遭到重大损失，其交通线经常中断。

同时，在 4、5 月间，苏联远程轰炸机还对德方领土的军事工业目标实施了突击，袭击了哥尼斯堡、莫斯捷尔堡、但泽、提尔西特等城市。为了摧毁最重要的军事目标，苏联使用了两吨和五吨重的大威力炸弹。

苏联远程航空兵的突击不仅使德军受到物质上的损失，而且打击了敌人的士气，迫使法西斯德军指挥部不得不耗费大量兵力、兵器进行对空防御以保卫大后方——德国本土和东欧许多国领土的目标。这就为陆军和前线航空兵作战创造了有利条件。同时，苏联最高统帅部在消灭机场和空中德机以及破坏德军铁路和汽车输送方面所采取的措施，对改善苏联库尔斯克会战开始前的空中和地面形势产生了积极的影响。

在库尔斯克会战准备时期的 3 个月内，苏联各方面军和大本营预备队的航空兵在战线中段共完成了 42,000 多架次的战斗飞行。此外，远程航空兵还出动飞机 6,506 架次。到 1943 年 7 月初，在库尔斯克方向作战的德军第 6 和第 4 航空队的兵力已经被大大削弱。

对苏联空军而言，1943 年 5～6 月的空中交战，不仅锻炼了航空兵队伍，而且检验了苏联空军的作战样式。

经过多次实战考验，苏联空军的各级司令员、指挥员积极地丰富了在复杂情况下指挥航空兵兵团和部队的经验，同时，航空兵与诸兵种合成（坦克）战役军团和兵团之间的协同合作问题也更为熟练和细致了。

对德军而言，在空战中不仅损失了飞机，还损失了飞行军官。后来的战事表明，如何补充伤亡的飞行员，一直是法西斯德国最感困难的问题。

No.3 德军以牙还牙

随着盟军对德国引以为傲的古老城市进行毁灭性轰炸，戈林的威信急剧下降。

3月1日，几百架夜间轰炸机从柏林上空投下了雨点般的炸弹和燃烧弹，使得35,000人无家可归，700多人死亡。

希特勒对此非常生气，好几个晚上，在睡梦中，希特勒都能梦到不仅失去了家园，而且眼看着失去几个孩子的普通柏林家庭的悲惨情景。最好的战斗机或防空设施对于这样的轰炸机群难道都毫无用处？只有以牙还牙才会震慑英国人！

然而，斯比埃尔元帅软弱无力的空军第3军只能发动软弱无力的报复性的空袭，这种空袭对伦敦来讲已经起不到任何破坏作用。

受到希特勒斥骂的戈林把一肚子气都发泄到他的部下身上："英国人写道，我们最近的空袭只是个空架势，还说我们的炸弹统统落在空旷的乡村了。真气死人了！通过密集的云层扔炸弹，人家能击中火车站里的一个鸡蛋，而我们的人连伦敦都找不到！"

3月5日那天夜晚，英国对埃森－鲁尔区的钢铁工业中心进行了轰炸，使该城市大受损失。轰炸不仅炸毁了3,000座房屋和办公大楼，而且还炸死了几百名工人。

当戈培尔同斯佩尔在3月8日到达时，希特勒仍在痛骂，说与蔡茨勒负责的陆军相比，空军是彻底的失败。

当天夜里快到午夜时分的时候，希特勒和斯佩尔、戈培尔仍坐在他的暗堡里。希特勒还在怒气冲冲地说，他不得不描述描述他的穿着便服完全失去了尊严的将军们。

突然，有人报告称英军飞机对纽伦堡－巴伐利亚的中世纪明珠、纳粹党务活动中心进行了大规模的空袭。这对希特勒而言，简直是火上浇油。希特勒立即让人接通了戈林手下包登夏茨将军的电话。

包登夏茨还没有完全清醒过来，迷迷糊糊中只听到了元首愤怒的喊叫声："立即让戈林从罗马回来！"

尽管希特勒命令戈林寻找防止英军空袭的方法，并加大对英国的报复，但效果却一直不佳。之后，慕尼黑和斯图加特也成了英军轰炸的目标。

在5月下旬的一次空袭中，乌珀塔尔的鲁尔城有2,000多人丧生。一个月之后，又有3,000多名居民在英国轰炸机的轰炸中丧生。

奉命视察鲁尔的戈培尔对希特勒汇报说："帝国主帅的库存已经只剩下箱子底了。"

然而，令戈培尔吃惊的是，他的汇报这次似乎并没有对希特勒产生震动。

▲ 苏军将领在前线通过炮兵观测镜指挥战斗。

▶ 英军对德国本土的轰炸，让不可一世的戈林颜面扫地。

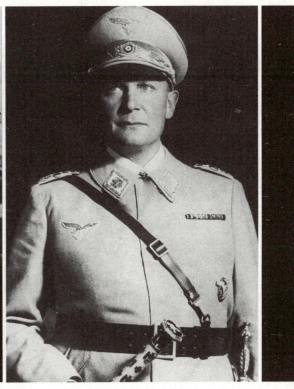

希特勒听完戈培尔的话，有一阵子没有说话。当他动了动嘴，准备开口的时候，戈培尔预感到一场风暴即将到来。然而，结果却令戈培尔大吃一惊。

"德国有一天将拥有1,000万辆大众牌汽车和500万辆其他型号的汽车。"

希特勒的回答让戈培尔摸不到头脑，他怀疑希特勒的神经是不是出了问题。

"反正这些城市也得重建，要有宽阔的路面和林荫大道"。

希特勒的解释并没有让戈培尔感到轻松。要知道，斯佩尔此刻正不得不调集10万人去重建鲁尔市，而这些人的士气是靠不住的。

"我会抽时间去视察鲁尔，发动一次突然袭击。"希特勒在这个时候竟然还幽默了一下。

戈培尔没有说话。

"目前我们伟大的战略部署要求我忍受污辱。"希特勒开始向戈培尔说明原因了。

"'堡垒'计划需要轰炸机！"

希特勒没有再进一步解释。"我已经命令加强高射炮和夜间战斗机的防御。而且，我们也已经搞到了新的武器。你知道吗？一架装备了30毫米火炮的新式战斗机最近在夜战中击落了敌人的5架轰炸机。"

▲ 德军机群飞临库尔斯克上空。

希特勒拍了拍戈培尔的肩膀，"到了秋季，我们陆军的火箭导弹就能从英吉利海峡发射地上发射，像雨点一样倾落在伦敦。"

"目前，我们只好耐住性子。"

戈培尔明白了，元首的目的是一切为了东线的库尔斯克战役。

确实，正如希特勒所说，他不能容忍苏联飞机的挑衅，更重要的是，他要确保"堡垒"计划的顺利实施。在库尔斯克战役发起前，他必须要与苏联争夺战略制空权。

德军航空兵袭击的主要目标是库尔斯克铁路枢纽。

5月22日，德军航空兵出动了近170架轰炸机对苏联进行了第一次密集的突击。然而，由于苏联军队早有准备，苏联空军第16和第2集团军以及国土防空军歼击航空兵第101师的歼击机进行了反击。在苏联飞行员的顽强攻击之下，大多数德军轰炸机群在飞抵轰炸城市之前，即在附近空域被驱散。

6月2日，心有不甘的德军航空兵再次对库尔斯克铁路枢纽进行了更大规模的白昼袭击。为了达到瘫痪库尔斯克铁路枢纽的目的，德军扩大了空袭的规模。参加这次袭击的共有543架飞机，其中轰炸机就有424架。

为了截击这些飞机，苏联前线航空兵空军第16和第2集团军出动了280架歼击机，国土

防空军歼击航空兵第 101 师出动了 106 架歼击机。此外，库尔斯克防空集群的高射炮兵也参加了抗击德国轰炸机的战斗。

德军的空袭是分成 5 个梯队进行的。

由 130 余架轰炸机和 30 架护航歼击机组成的第一飞行梯队遭到了从奥廖尔方向起飞的苏联空军第 16 集团军歼击机的迎击，在空中交战过程中，有 58 架德军飞机遭到苏联歼击机的攻击而被击落，只有少数轰炸机飞抵铁路枢纽。

德军的第二和第三梯队有轰炸机 120 架，护航歼击机 55 架。苏军歼击机 86 架起飞迎击，击落敌机 34 架。

德军第四和第五两个梯队有轰炸机 167 架和歼击机 14 架，它们从奥博扬方向，以 6,000 至 7,000 米高度飞向库尔斯克。为抗击这批飞机的袭击，苏军指挥部出动了 205 架歼击机，但是，苏军没有能够把德军的轰炸机群全部截住。有将近一百架德机突至库尔斯克，对铁路枢纽进行了突击，造成该枢纽交通中断达 12 小时之久。

然而，如此微不足道的战果却让德军付出了昂贵的代价。在库尔斯克附近空域和城市上空，德国空军一天之内就损失了飞机 145 架，而苏军航空兵仅损失 27 架歼击机。

同时，对库尔斯克实施的密集空袭，也是德军在苏德战争期间对苏联后方目标实施的最后一次大规模白昼袭击。由于希特勒德军指挥部担心再次遭到重大的损失，从此以后，德国轰炸航空兵的主要力量改为夜间行动。

之后，6月间，德军轰炸机又多次对苏联雅罗斯拉夫尔、高尔基市、萨拉托夫等大工业中心进行了夜袭。其中，仅高尔基市就7次发出空袭警报，萨拉托夫9次发出空袭警报。德军总共出动飞机1,200余架次，其中被苏联歼击机和高射炮击毁40余架。这几次夜袭似乎取得了一点微不足道的成果。

5月份到6月份两个月间，德国空军又对苏军各机场进行了380次袭击，出动飞机1,200余架。在苏联歼击机和高射炮的有力还击下，184架德机被击落。

由于苏联空军进行了巧妙的伪装，加之分散了飞机驻地，使德军的突击大多是对假机场进行的。空军司令员诺维科夫空军元帅7月22日给最高统帅部大本营的报告里指出："作为机场对空防御的有效措施，我们极其成功地采取建造假机场的办法。例如，在最近的1个半月里，敌航空兵向南方方面军空军第8集团军的假机场投弹2,214枚，重达46,755公斤，而在同一时间内对真正的机场只投下61枚炸弹，总重为2,750公斤。"

经过1943年春季和初夏夺取战略制空权的激烈斗争，法西斯德军的空军实力遭到重创。4月至6月，敌人在苏德战场损失飞机近3,700架，敌人已失去空中的战略主动权，但还想竭尽全力争取主动。直到1943年7月初，当法西斯德军在库尔斯克方向转入进攻时，争夺主动权的斗争才又一次激烈起来。

除了空中交战，苏德战场上出现了一段战事相对沉寂的阶段。双方都在为即将到来的恶战进行着全面准备，火药味已隐隐可闻。

▲ 库尔斯克战役中，苏德双方坦克均损失严重。

第五章

德国人开动了

　　经过几个月的推迟，希特勒终于将美国独立日定为发动"堡垒"计划的日子。与希特勒的信心十足不同，其激昂的战前训导却让克卢格和曼施坦因产生了"将要带领德国士兵赴死"的感觉。果不其然，苏联先发制人的火力反准备让德军吃尽了苦头。更令人失望的是，损失了大量希特勒寄予厚望的坦克，在库尔斯克突出部北部，德军仍然不能突破苏军的防线，莫德尔第9集团军被勒住了缰绳……

▲ 德军将领通过潜望镜观察前线战况。
▼ 希特勒在"狼穴"召集"堡垒"计划的指挥官共商战事。

No.1 希特勒下定决心

尽管越来越多的情报显示，进行"堡垒"战役是愚蠢的。但是，希特勒的决心不是可以轻易改变的。经过了几个月的准备，希特勒认为他在库尔斯克地区已经集中了足够的德国新式坦克，而这些坦克完全能够使"堡垒"战役的目标得到实现，于是，他将"堡垒"战役的发起时间定为7月4日。也许是巧合，希特勒选中的日子恰恰是美国的独立日，这似乎也意味着德国末日的开端。

1943年6月29日中午，希特勒决定把他的司令部迁回"狼穴"。

之所以这样做，是因为希特勒已经确信"堡垒"行动在6天之后执行，已经没有什么问题。

除了相信德军已经准备充分外，促使希特勒下定决心的原因很多。

一方面，意大利把一份英国海军驻华盛顿的联络处6月23日打给伦敦海军部的加急电报的正文，交给了凯塞林。电报的内容显示，同盟国对地中海的入侵已经推迟，甚至有了巨大变动。同盟国已明确要入侵其中三个岛，而且其突击队袭击和主攻的任务也分清了。希特勒和他的情报专家们认为，这个情报很有意义。

另外，有证据清楚地表明斯大林对"堡垒"计划很害怕。德国驻斯德

▲ 尽管在斯大林格勒遭遇了空前的失败，希特勒仍寄希望于库尔斯克会战。这是他和外长里宾特洛甫（右二）等人在交谈。

哥尔摩的外交使节汉斯·托姆森6月21日打电报说，苏维埃外交官亚历山大罗夫已到达那里，似乎想谋求一定程度的妥协。

此外，6月22日，莫斯科又对同盟国没开辟第二战线表示不满——他们表示，没有第二战线，"战胜德国是不可能的。"而7月1日，苏联的一家权威杂志又发表了一篇文章，嘲弄西方为反对德国而宣传的"集体罪过"理论。

正如一开始希特勒就低估了苏联的潜力一样，这一次，希特勒又一次被不真实的情报蒙蔽了。

7月1日，希特勒回到了"狼穴"。

这里又盖了许多木头营房，在伪装网的覆盖下很难发现。天气很反常，竟然有些冷，但热血沸腾的希特勒似乎没有感觉到。

当天傍晚的时候，希特勒召集"堡垒"计划的指挥官，发表了一篇有关重大政策的演讲。指挥官们聚集在离"狼穴"不远的蔡茨勒的司令部里，聆听了元首的讲话。

一开始，希特勒阐明了一再推迟"堡垒"行动的原因，之后，他就把德国的伙伴们大骂了一番。他说：

"意大利是导致各种灾难的祸根，罗马尼亚和匈牙利也靠不住，芬兰已到了人穷财尽的地步，德国必须不惜任何代价固守夺得的土地。否则，德国人民就无法生存下去。务必使所有

◀ 曼施坦因向希特勒汇报德军前线
兵力配备详情。

的德国军人都知道，他们应该与阵地共存亡。"

"无论发生什么情况，我都不会放弃巴尔干半岛。"希特勒挥动着拳头说，"我准备用德军取代那里的意军。克里特岛也要守住，绝不能交给盟军，让他们在那里再开设一个机场。"

希特勒看到他的讲话没能将指挥官们的情绪激发起来，语气缓和了一下说：

"当然，我并不否认德军在苏联面临许多潜伏着的危机，但是要看到，苏军目前正在准备另一次冬季攻势，因此它们在整个夏季是不会大动干戈的。我不同意坐等苏军进攻时再进行还击，德国必须争取主动，先发制人。"

说着说着，希特勒的情绪又激动起来："我不想否认‘堡垒'行动是一场赌博，但是我相信它会成功。当年进军奥地利、捷克斯洛伐克、波兰和苏联时，高级将领们没有几个人支持我的决定，他们认为那是冒险，但结果证明所有的进攻都是正确的，德国军队所向披靡，取得了全部胜利。"

当时，聆听希特勒演讲的步兵军长弗里斯纳将军详细地记载了下边的话：

我们的形势：我们完全有理由把所遭受的挫折归咎于我们的盟友。意大利太叫人失望了。例如，他们如果能像元首一再要求的那样，及时用舰队把自己的部队护送到非洲去，本不会失掉非洲。可是现在他们的舰只正在港口里被炸成碎铁。和第一次世界大战一样，那一次我们也是迟迟不肯动用军舰以致贻误战机。——意大利在东线，在希腊等地失败了。匈牙利也是一样……罗马尼亚不可靠：元帅的兄弟安东奈斯库首相是个狡猾的人。芬兰已是智穷力竭，国内由于瑞典的支持，正酝酿着社会民主党的麻烦。

决定生死存亡的关键：德国需要被征服的领土，否则就不能长期生存下去。德国必须赢

▶ 苏军西方方面军司令员索科洛夫斯基将军。（左图）
▶ 苏军布良斯克方面军司令员波波夫将军。

得欧洲的霸权。我们在什么地方，就要守住什么地方。士兵必须明白这一点，否则他们会误以为自己在做毫无意义的牺牲。无论发生什么情况，巴尔干不能丢失，决定我们战争胜负的关键就在这里。意军已经离开了希腊，德军占据了那里。这时我才有了安全感。克里特牢牢地掌握在我们手里了，这样敌人未来的空军基地就被夺走了。必须在远离我国边界的地方来保卫德国和欧洲，迄今为止，我们完完全全做到了这一点。德国现在占领了罗德岛、西西里和撒丁及科西嘉诸岛——意军很可能像在潘特莱里亚岛一样不战而降。

东线：我们不打一次大战役将一无所获……苏联人正在窥伺良机。他们在争取时间，为冬季增加物质。我们不允许他们那样做，否则今冬将会出现新的危机。所以我们非得打乱他们的计划不可。

最后一句话表明，"堡垒"的目的是多么有限。希特勒下结论说："木已成舟。攻击已开始。必须千方百计保证胜利。"

也许希特勒永远不会忘记他在大战初期的辉煌。恰恰是在这种辉煌强光的刺射之下，才昏花了他的眼睛，使他难以看到早已变化了的作战对手和战场实际，陷入一种"战争空想"绝症之中。

站在那里聆听希特勒训导的克卢格元帅和曼施坦因元帅，越听心里越不是滋味。他们有一种"将要带领德国士兵赴死"的感觉。

1943年7月4日，希特勒向参加"堡垒"作战的部队下达了临战动员令：

"士兵们，今天，你们将开始一场伟大的进攻战，这次作战将对整个战争的胜负产生决定性影响。你们的胜利将比以往更加有力地向全世界证明：对德国武装力量的任何抵抗都是徒

▲ 苏联士兵在听取指挥员部署库尔斯克战役的作战任务。

劳的……你们强大的突击，将使苏军大吃一惊并使之彻底震动。你们应知道，一切均取决于这次会战的结局。"

按照希特勒的说法，"必须取得'堡垒'行动的胜利，以便消除我们盟友的失望情绪，熄灭被我们征服的那些人民心中的希望"。希特勒的陆军指挥官们也似乎对此抱有很大希望，他们看见德国空军中队在苏联前线集结了前所未有的力量，德国装甲师和步兵师斗志旺盛、装备精良，加上几个月的休整，信心十足。

然而，希特勒没有想到，通过"露西"间谍网，苏联几乎掌握了德军的一切计划，并针对德军的部署进行了针锋相对的安排。

苏军的计划是这样的：

在最北方，索科洛夫斯基指挥的苏联西方方面军准备投入两个集团军：巴格拉米扬将军指挥的实力强大的第11近卫集团军将为进攻的主力，其左翼为博尔金将军的第50集团军，他们的任务是一旦德军的进攻被阻止，就发动进攻，攻占德军占据的奥廖尔突出部，从北方切断深入库尔斯克的德军。

西方方面军的左翼是由波波夫指挥的布良斯克方面军，该方面军的任务为配合西方方面军的奥廖尔攻势，他们将向奥廖尔突出部的正面发动进攻。

在西方方面军和布良斯克方面军背后，苏联最高统帅部还布置了强大的预备兵力，准备用于下一阶段的攻势，包括第 11 集团军，第 3 近卫坦克集团军和第 4 坦克集团军，以及第 20 坦克军、第 25 坦克军和第 2 近卫骑兵军。

在布良斯克方面军的左翼，正对着德军第 9 集团军进攻方向的是由罗科索夫斯基将军指挥的中央方面军，该方面军包括 5 个集团军和第 2 坦克集团军。罗科索夫斯基把第 70、13 和 48 集团军布置在德第 9 集团军的进攻方向上，在德军最可能的主攻方向上的是第 13 集团军，其左翼为第 70 集团军，右翼为第 48 集团军。在突出部的顶端，罗科索夫斯基布置了第 60 和第 65 集团军以应对德第 2 集团军的进攻。中央方面军的二线部队为第 2 坦克集团军，该集团军由第 3 和第 16 坦克军、近卫第 11 坦克旅组成（缺了 1 个机械化军）。该集团军的预备队还包括第 9 和第 19 坦克军在内的一些独立部队。中央方面军的总兵力为 711,575 人，11,076 门大炮和迫击炮，246 门火箭发射器，1,785 辆坦克和自行火炮。

在库尔斯克突出部南部，面对着德第 4 装甲集团军的是瓦杜丁的沃罗涅日方面军，瓦杜丁的兵力部署方式和罗科索夫斯基非常相似，他把主力放在突出部肩部的中、左翼，尤其是在由哈尔科夫经奥博扬到库尔斯克的公路上，那是通往库尔斯克的捷径。负责阻止德军向奥博扬前进的是第 6 近卫集团军，该集团军的左翼是第 7 近卫集团军，在其右翼为第 40 和第 38 集团军。在这 4 个集团军后方，瓦杜丁部署了第 69 集团军。作为方面军预备队的是第 1 坦克集团军和步兵第 35 军。其方面军总兵力为 625,591 人，8,718 门大炮和迫击炮，1,704 辆坦克和自行火炮。

在中央方面军和沃罗涅日方面军的后方是科涅夫将军的草原方面军，它的任务是当前方两个方面军形势吃紧时，向它们提供增援兵力，万一库尔斯克防线被突破，它将成为最后一道防线，而当苏军转入反攻时，它将提供新鲜的兵力。该方面军辖 5 个步兵集团军：第 4 近卫，第 5 近卫，第 27、47 和第 53 集团军。另外还包括第 5 近卫坦克集团军，第 3 近卫、第 5 近卫和第 7 近卫骑兵军，第 4 近卫坦克军，第 3 近卫机械化军和第 1 近卫机械化军。该方面军的总兵力为 573,195 人，8,510 门大炮和迫击炮，1,639 辆坦克和自行火炮。

最后，将在苏军反攻中担任助攻的是苏联西南方面军第 57 集团军和第 2 坦克军（168 辆坦克，该军于 7 月 11 日转入第 5 近卫坦克集团军）。

参加第一阶段库尔斯克战役的苏联中央方面军、沃罗涅日方面军和草原方面军与德国第 9 和第 2 集团军、第 4 装甲集团军和"肯夫兵团"相比，在兵力上占 2.4 : 1 的优势，为 1,910,361 对 780,900；在坦克上数量占 1.9 : 1 的优势，为 5,040 对 2,696。

▲ 苏军 45 毫米反坦克炮手正准备与敌作战。

一场战争还没有拉开序幕，胜负就似乎已经见分晓了。

No.2 先下手为强

南俄罗斯的夏天，骄阳似火，天气异常闷热。

从 6 月底开始，德国空军侦察机的活动开始频繁起来。它们把库尔斯克的每个角落都进行了航空拍照，并把拍摄的照片分发给进攻部队。然而，尽管这些照片反映出了苏联阵地纵深和轮廓，但并不能揭示其详细情况，德军还是大大低估了苏军的实力。

7 月 1 日以后，德国陆军的调动也多起来。它们昼伏夜出，悄悄向苏德双方的对峙线开进，负责调动部队和运输补给品的参谋军官整夜在各个路口忙碌着。

在苏军的阵地上，官兵们无论白天还是夜间，都保持着高度的警惕。每个人都支起耳朵，睁大眼睛，监视着越逼越近的德军。他们要通过德军活动的蛛丝马迹，准确地掌握德军的进攻行动。

苏军还不时派出侦察兵，渗入德军防线捕俘，以获取更多的可靠情报。

英国、美国的情报部门、驻

苏军事使团和两国政府也都屏住呼吸，注视着即将开始的大战。他们不知道苏军究竟能否顶住德军装甲铁拳的猛击……

7月2日，苏军最高统帅部根据所掌握的各种情报分析，认为德军可能在7月3日至6日之间转入进攻，随即将这一情况通报给各方面军领导人。同时，统帅部还决定在适当时机以猛烈的炮兵火力和航空兵火力反准备破坏敌人的进攻。

7月4日下午4时，库尔斯克突出部南部，德国第4装甲集团军以营级规模的部队向苏军的前沿阵地发动了进攻，以清除苏军的前进阵地和为第2天的主攻准备一个出发点，经过激烈的战斗，德军占领了几个苏军的前进阵地，于是德军转入防御，等待第2天的进攻。

7月4日傍晚。中央方面军指挥部。

电话铃声不断。从人们的神色中可以看出，这里的气氛有一种大战前的压抑感。

朱可夫正与罗科索夫斯基研究作战的细节问题。

瓦西里·丹尼洛维奇·罗科索夫斯基，生于1897年，1918年入伍，历任师长、军区参谋长、副总参谋长、方面军参谋长、方面军司令等职。1941年10月10日，他受命担任西方面军参谋长，参与计划与实施莫斯科保卫战。之后，第二次世界大战中罗科索夫斯基参与指挥了许多著名战役，显示了杰出的司令部组织工作才能，并因在柏林战役中指挥出色被授予"苏联英雄"称号。

也许，当朱可夫与罗科索夫斯基讨论库尔斯克战役时，并没有想到1945年5月9日零时43分，两人会为取得反法西斯战争的胜利相互祝贺。但是，两人都相信，胜利最终是属于苏联人民的。

这时，值班参谋报告说："朱可夫元帅，总参谋长华西列夫斯基同志打来电话，有事情要和您谈。"

朱可夫走到高频电话前。话筒中传来华西列夫斯基的声音："在别尔哥罗德地域，沃罗涅日方面军已与敌先遣支队展开了战斗。今天俘获的敌步兵第168师士兵供称：德军可能在7月5日拂晓发动全面进攻。沃罗涅日方面军将根据最高统帅部计划，实施炮兵和航空兵火力反准备。"

"这边暂时没有新的情况，但敌人进攻的迹象越来越明显了。中央方面军也准备对敌人实施炮兵和航空兵火力反准备。"朱可夫对华西列夫斯基说。

"炮兵和航空兵火力反准备"，是一个专业军事术语，它是指在对方发动进攻之前，以突然猛烈的炮兵和航空兵火力突击进攻之敌，破坏敌人的进攻部署，削弱敌进攻力量，粉碎敌进攻企图的一种作战行动。苏军计划中的炮兵和航空兵火力反准备，就是一种这样的行动。

放下电话后，朱可夫马上将上述消息转告给罗科索夫斯基和中央方面军参谋长马利宁将军。

凌晨2时，第13集团军司令员普霍夫将军给罗科索夫斯基打来电话，报告说，据被俘的敌步兵第6师的工兵供认，德军已做好转入进攻的准备。开始进攻的时间，大约是7月5日晨3时。

听到这个消息，罗科索夫斯基有一些紧张，他问朱可夫：

"我们怎么办？是先报告最高统帅部，还是立即下达实施反准备的命令？"

朱可夫马上回答说："罗科索夫斯基同志，我们不要耽搁时间了，你按方面军和最高统帅部的计划下命令吧，我现在就给最高统帅打电话，报告我们接到的情报及采取的决定。"

"立即接通斯大林同志。同时，将这一情况通报瓦杜丁同志，请他们立即进行炮兵和航空兵火力反准备！"朱可夫向作战参谋说。

此时，斯大林正在最高统帅部和华西列夫斯基谈话。接线员很快接通了电话。朱可夫向斯大林报告说：

"据俘房口供，敌人将在1小时内转入进攻。中央方面军和沃罗涅日方面军已按最高统帅部的计划，下达了进行炮兵和航空兵火力反准备的命令。"

斯大林赞同朱可夫的决定，并命令不断向他报告情况。

斯大林说："我在最高统帅部中等候着事态的发展。"

▲ 罗科索夫斯基所部的炮兵在战斗中大显身手。

▲ 苏军反坦克炮兵正奔赴新的阵地。

战后，朱可夫在回忆当时的情况时说："我觉察到最高统帅感到紧张。我们大家也都一样。虽然我们已经构筑了纵深梯次配置的防御，而且现时我们掌握有对德军实施突击的强有力的手段，但是心情十分激动，极为紧张。已经是深夜了，却毫无睡意。"

朱可夫刚与斯大林通完话，方面军炮兵参谋长纳德谢夫上校就走过来向他报告说："方面军炮兵司令员卡扎科夫将军从炮兵第4军打来电话说，炮兵火力反准备的命令已经下达完毕，2时20分火力反准备开始。"

"航空兵火力反准备将在稍后开始。"罗科索夫斯基在一旁补充说。

朱可夫看了一下表，时针指向2时18分，还有两分钟。

指挥部里出现了少有的安静，几乎一切都凝固了，只有时钟"嘀嗒、嘀嗒"地响着。突然，周围的一切都震动起来，响起了惊心动魄的隆隆爆炸声。

库尔斯克突出部地域最大的交战开始了。

在这可怕的"交响乐"中，重炮的轰击声，炸弹、火箭弹、"喀秋莎"的爆炸声，以及飞机马达不停的轰鸣声汇成一片。

朱可夫回忆说道：

敌军离我们司令部那所房子的直线距离不超过 20 公里。我们听到和感觉到了这场疾风骤雨般的射击，不禁想像起突然遭到我反准备炮火袭击时敌人出发地域那种可怕的情景。丧魂失魄的敌军官兵，拼命想找到随便什么小坑、小沟、堑壕，不管什么地方，哪怕只要能躲避一下炮弹的小隙缝，他们都会狼狈地钻进去。

2 时 30 分，反准备全面展开时，斯大林给朱可夫打来了电话：

"怎么样？开始了吗？"

"开始了，我军的炮火十分猛烈。"

"敌人如何动作？"

"敌人只有个别的炮兵连回击我反准备，但在我强大火力压制下，很快就沉默了。"

"好吧，我一会儿再给你打电话。"

事实上，在德军开始进攻前，苏军的反准备计划在细节方面尚未完全制定好，在 7 月 4 日夜间，苏军还没有进一步准确地查明德军在出发地位上的集中地点和目标的具体位置。因

▼ 在 8 月战役中阵亡的德国士兵的坟墓。　　▼ 德军"虎"式坦克在库尔斯克前线。

此，反准备时只能主要进行面积射击，而不是对准具体的目标射击，这就使敌人可以避免重大伤亡。

对于反准备的效果究竟如何呢？朱可夫和罗科索夫斯基心里也都没有底。这个情况到后来才逐步搞清楚。

苏军原第6近卫集团军司令员奇斯佳科夫将军在回忆录中说：

当火炮轰鸣之后，我，还有参谋们都怀疑起来：这个反准备是否达到了预期效果？当然，没有说出声来，但每个人都在这样想。不久，当我们转入进攻后，在托马罗夫卡、鲍里索大卡和其他居民点，我们看到成千上万个在德国人的坟墓上插着的桦树枝做的十字架。居民们也告诉我们，在突击以后他们不知道搬运了多少被击毙的法西斯士兵和军官的尸体。

据后来捕获的德军俘虏供称，苏军突击完全是出乎他们意料的。根据俘虏提供的情报，德军炮兵损失惨重，通信联络、观察和指挥系统普遍遭到破坏。

尽管朱可夫认为，中央方面军和沃罗涅日方面军的炮火反准备开始得过早，因为当时德军士兵还躺在掩体、掩蔽所及深沟里，坦克部队也尚在待机地域隐蔽。如果反准备能再晚大约30～40分钟，将取得更大的效果。但是，德军进攻计划还是被打乱了，德军被迫把进攻时间推迟了2.5至3个小时。从德军炮火准备稀稀拉拉的情况来看，苏军的炮兵和航空兵火力反准备，对破坏德军的进攻起到了重要作用。

在苏军进行火力反准备前，加满油、装足弹的德军坦克在进攻出发阵地摆成了一条条不规则的钢铁长龙。

7月5日5时，这些钢铁长龙开始蠕动起来。它们向着自己预定的突击地段快速运动。在德军主要突破地段，长龙汇聚成更强大的钢铁洪流，奔涌向前。德军要用这由坦克组成的钢铁洪流，淹没苏军的防御阵地。

5时30分和6时，德军在经过炮火准备后，分别由奥廖尔以南地域从北向南，和从别尔哥罗德地域由南向北，对库尔斯克发起了全面进攻。

德军采用这种"南北对进"的战术，目的十分明显，就是要从根部切断库尔斯克突出部，围歼位于突出部地区的苏军兵力集团。

no.3 德军的企图失败

1943 年 7 月 5 日 5 时 30 分，由克卢格元帅指挥的德国中央集团军群沿库尔斯克突出部北部向罗科索夫斯基的中央方面军发起攻击。

莫德尔的第 9 集团军作为先头梯队，在长达 63 公里的正面对苏军的第一道防线发起了进攻。

莫德尔的第 9 集团军下辖 6 个装甲师、14 个步兵师和 1 个独立的"虎"式坦克营，共计有 335,000 名士兵，1,009 辆突击战车，其中包括 273 辆 IV 型坦克、32 辆"虎"式坦克和 90 辆"斐迪南"式战车。这些部队被编成 4 个军，包括一流的第 41 和 47 装甲军。

驻守在苏军第一道防线抗击这些德国军队的是第 13 集团军（总兵力 114,000 人）和第 70 集团军（总兵力 96,000 人）。在它们的两边侧翼与后方，罗科索夫斯基部署了配备有 840 辆突击战车的 315,000 人的队伍，另外还有 390 辆坦克和 185,000 人的预备队。

莫德尔的部队在 7 月 5 日凌晨集结时，即遭到了苏军炮火 40 分钟的猛烈炮击，前沿阵地被炸平，攻击行动也宣告破产。虽然受挫，莫德尔的 10 支先锋队在"容克"87 式俯冲式轰炸

▼ 德军坦克部队正通过苏军的防区，图中正在燃烧的是一辆被击毁的苏 T-34 坦克。

机的掩护下仍然发动了强大的攻击。

只见近千辆德军坦克呈若干楔形队形，铺天盖地地向着苏军阵地滚滚而来。

楔形队伍的顶端是"虎"式重型坦克，两边是"豹"式中型坦克。德军把新型坦克放在楔形队形的外围，形成了队形的外层装甲。在外层装甲的里面，是战斗力较弱的各种旧式坦克。

紧随在坦克之后的，是乘坐装甲车的德军步兵。他们随时准备下车战斗，抢占被坦克碾轧过的苏军堑壕。

德国人想用"虎"式、"豹"式坦克厚厚的钢甲和猛烈的火力，撞开苏军的防线。

近千辆坦克自北向南，像一群草原上狂奔的野牛，扬起冲天的烟尘，发出震耳欲聋的轰鸣，遮天蔽日地向苏军压来。

经过反坦克特别训练的苏联官兵沉着应战，随着一声声"开炮"的口令，苏军的反坦克炮吐出一串串火舌。

很快，冲在前面的德军坦克被击中，冒出浓烟，并燃起熊熊大火。但是，后面的德军坦克继续高速向前猛冲。

有一些"虎"式和"豹"式坦克突破了苏军的反坦克炮封锁线，冲进苏军阵地。它们碾过一道道铁丝网，越过一条条堑壕，在苏军阵地上横冲直撞……

▼ 疲惫至极的德军士兵在洞穴中藏身休息。

▲1942 年在东部前线作战的德党卫军坦克部队。

　　苏军官兵奋不顾身地冲向德军坦克。他们或者隐蔽在堑壕、交通壕内，或者从翼侧接近德军坦克，或绕到德军坦克后面，向德军坦克投掷出一颗颗反坦克手雷和液体混合燃料燃烧瓶。

　　当德军坦克后面的步兵冲人苏军阵地时，苏军官兵有的端起冲锋机枪扫射德军步兵，有的端起刺刀与跃入堑壕的德国兵展开白刃战，有的拉响手榴弹与德军同归于尽……

　　浓烟和火光弥漫的库尔斯克北端，弹片横飞，死尸遍地，喊杀声和嚎叫声令人胆战心惊……

　　德军坦克冲破一道又一道苏军反坦克炮封锁线，不顾一切地往里冲。但是德军坦克手们突然发现，他们闯入了苏军的反坦克雷区。

　　随着一声声震耳欲聋的反坦克地雷爆炸声，一辆辆德军坦克的履带被炸断，坦克手被震得眼冒金星。

　　他们还没清醒过来，埋伏在两侧的苏军反坦克炮、高射炮和大口径榴弹炮就开火了。呼啸的穿甲弹撕开坦克的侧装甲，坦克舱内的士兵立刻脑浆四溅。

　　苏军的坦克部队开始出击了。在烟尘滚滚的平原上，苏德坦克缠在一起，在炮弹的呼啸声中，一辆辆坦克变为烟柱……

　　最初的攻击由德军最左翼的第 23 军发动，在那里，德军以 3 个步兵师的兵力进攻苏军第 13 和 48 集团军的结合部。不过，这是一次佯攻，狡猾的莫德尔希望借此能够把苏军的注意力从德军的主攻方向上引开。但结果证明，这次进攻很不成功，德军仅前进了 1.5 公里便被阻止了。

　　德军的主攻来自于中央的第 47 和第 41 装甲军，在这里莫德尔投入了 4 个装甲师（第 20、

2、9 和 18 装甲师）和 3 个步兵师（第 61、292 和 86 步兵师），而防守的一方是苏联第 13 集团军的第 15 和第 81 步兵师，这两个师背后就是由第 307 师防守的重要据点波尼里。

拥有 120 辆坦克和强击火炮的德第 20 装甲师在上午 9 时，突破了苏军第 15 步兵师的防线，并向前推进了 5 公里。在 20 装甲师的左翼，德第 6 步兵师在第 505 独立装甲营的两个"虎"式坦克连的支援下，在苏第 15 步兵师的右翼也完成了突破，这样苏联第 15 步兵师不但面临着被从两翼包抄的威胁，而且其右翼的第 81 步兵师也受到了影响。第 81 步兵师的左翼受到德第 6 步兵师的威胁，而其右翼在有"豹"式强击火炮支援的德第 292 步兵师的攻击下，也岌岌可危。

在德第 292 步兵师的左翼，德第 86 步兵师在第 18 装甲师的一个团和独立第 653 和 654 装甲营的"豹"式强击火炮的支援下，沿铁道向波尼里猛攻。为了应付这个威胁，布卡洛夫向第 81 师增援了第 129 坦克旅和第 1442 自行火炮团。当天，这些部队连同第 81 师的步兵击退了德军的 4 次进攻，但德军的第 5 次攻击终于使苏军向后退却。

这样德军从苏军的防线的中部，突破了苏军第一条防线，但在两翼，德第 23 军和 46 装甲军的进攻则完全失败。

面对来势汹汹的德军，罗科索夫斯基迅速做出了反应。他向第 13 集团军投入了 350 架飞机，并把第 1 和 13 反坦克旅，一个炮兵旅和第 21 迫击炮旅增援给第 13 集团军。同时，布卡洛夫把集团军二线的第 74 步兵师派往德军突破口的左翼，计划以该师和第 27 近卫坦克团以

▼ 荒野上德军阵亡的士兵和被摧毁的坦克随处可见。

侧击切断突入苏军阵地的德军。

5日下午，向第二线撤退的苏第15步兵师在德军的追击下，受到很大损失，其676团一度被包围，经过苦战后才得以突围。同时，15师的撤退也使第13集团军左翼的第70集团军的右翼受到了威胁，该集团军的第132步兵师也开始被迫后退。

在地面激战的同时，在空中双方的空军也在进行一场激战，总的来说，德国空军略占上风，他们在这一天里共出击了1,000架次攻击苏军目标，而苏联空军只出击了约500架次的飞机。

到5日傍晚，莫德尔的德军在苏军第13和70集团军之间打开了一个宽15公里，深约8公里的口子。但德军付出的代价是可怕的，在第一天德军投入的300辆坦克和强击火炮中，有2/3因战斗或机械原因而退出战斗，虽然有些损失的坦克经过修理可以在稍后重新投入战斗，但其中至少有70辆是永久性的损失。这对德军来说是一个不祥之兆。

7月6日，莫德尔的部队在北方对苏军第二道防线发起了强有力的突击，目的在于夺取波尼里村和奥尔霍瓦特卡山脊之间的重要地段。莫德尔希望能从这些地方穿过最适于坦克作战的平原地带，向南面的库尔斯克更迅速地推进。为了阻止这种势头，罗科索夫斯基在晚上调来了预备队。

6日凌晨3时50分，在炮火准备后，苏联第16坦克军和第17近卫步兵军对德军发起了进攻。与此同时，莫德尔也把第二线的第2和第9装甲师投入战场，于是，库尔斯克战役中第一次大规模的坦克战展开了。

苏第16坦克军的先头部队第107坦克旅，正面撞上了德国第505独立装甲营的"虎"式坦克，在半小时内，107旅遭到了重创，它的50辆坦克损失了46辆，而紧随其后的第164坦克旅在激战中也损失了23辆坦克。

得胜的德军一路追击败退的苏军，直到抵达苏军第二条防线，在那里，苏第17近卫步兵军的第70和75近卫师以猛烈的火力阻止了他们的进攻。到下午6点半，苏联第19坦克军终于赶到，他们猛烈地攻击德第2和20装甲师，最终抵挡住了德军的前进。

也是这一天，在德军突破口的左翼，德第41装甲军再一次试图把苏联第13集团军和第48集团军一分为二。德军以第292和86步兵师、第18装甲师猛攻由苏军第307步兵师防守的波尼里，但被苏军的顽强抵抗所阻止。

整个6日这一天，苏军的反攻并没有奏效，但达到了迟滞德军进攻的目的。而与此同时，苏联空军在争夺制空权的努力中，取得了效果，他们宣称以损失90架飞机的代价击落德军飞机113架，而苏联轰炸机和强击机也变得更活跃。

在抗击德军坦克的进攻中，苏联官兵表现得极为勇敢、顽强。第13集团军81步兵师410

步兵团的冲锋枪排排长卡马尔季诺夫少尉，于7月5日夜间带领全排执行战斗警戒任务。清晨，德军发起进攻，有约1个连的步兵和3辆坦克向卡马尔季诺夫少尉排的地段运动，其中1辆坦克触雷爆炸，2辆坦克已接近防御前沿10至15米的地方。卡马尔季诺夫第一个用反坦克手榴弹炸毁了敌人1辆坦克。他的通信兵炸毁了第二辆坦克。战士们按照少尉的口令，对德国步兵实施齐射。德军遭到损失后被迫卧倒。德军第一次冲击被击退，立即开始了第二次进攻。此时，卡马尔季诺夫腿部负伤，他坚持继续指挥全排战斗。德军新的步兵散兵线在4辆坦克支援下又向卡马尔季诺夫少尉的排扑来。排长用两枚手榴弹炸毁了1辆德军坦克，另3辆坦克也被他的战士炸毁。德军步兵遭到苏军冲锋枪手扫射，死伤惨重。德军恼羞成怒，决定包围这17名勇士，将他们全歼。包围战斗打响了。绕到苏军后方的一群德军步兵被全部歼灭。又有一辆德军坦克被炸毁。勇士们一直坚持到天黑，后来在接到命令后才撤到新的地区。排长卡马尔季诺夫在战斗中给部属做出了坚定勇敢的榜样。他在过去的战斗中曾9次负伤，其中5次重伤，这一次是第10次负伤。

7日凌晨，德军变更了坦克部队的部署，再一次发动了攻击，其首要目标是波尼里，一个重要的铁路和公路枢纽。

在这里的战斗是如此激烈，以至德国人后来称它为"库尔斯克的斯大林格勒"。

德第18装甲师和第292步兵师向波尼里发动了5次进攻，但都被苏军第307步兵师击退。在苏军的强大火力下，德军损失惨重。

▲ 一个苏军反坦克炮班正在攻击德军坦克。

上午 10 点整，德国步兵在 50 辆坦克的支援下一度突入波尼里西北部，但很快就被苏军发起的一次反突击击退。紧接着，又有两个营的德国步兵在 12 辆坦克的支援下，攻占了波尼里东郊的五一农场，并在市区北部占领了一个落脚点，与此同时，德第 9 装甲师也从该市西郊发起了进攻。

然而，尽管苏军兵力与德军相比处于绝对劣势，但德军花了一整天时间，并付出了重大代价，也只攻占了半个波尼里。

当然，防守波尼里的苏第 307 师损失也很大，该师的预备队只剩下了一个营。

为了守住波尼里，布卡洛夫向该城增援了第 129 坦克旅和第 1442 自行火炮团全部和第 13 反坦克旅和第 3 坦克旅各一部。

对于德国人来说，更糟的是，在 7 日这一天，苏联空军取得了库尔斯克北部地区的制空权，从此德国地面部队将不再有在白天自由行动的权利。

7 月 8 日，德军加强了奥利霍瓦特卡方向的进攻。

莫德尔把他最后的预备队第 4 装甲师投入战场，用来加强第 20 装甲师，这两个装甲师连同第 2 装甲师向奥利霍瓦特卡发动了一次又一次的猛攻，并一度突破了苏军防线。

但是，德军再一次领教了苏联官兵英勇顽强的作战精神。在罗科索夫斯基和布卡洛夫向该地增援了第 140 步兵师和第 11 近卫坦克旅之后，经过一天的激战，德军突破苏军防线的企图失败了。

在同一天，波尼里地面和空中的枪炮声响了一整天。经过反复争夺，双方都蒙受了重大损失。在接下来的两天里，德军向该城投入了第 10 装甲掷弹师，苏军也投入了第 3 和第 4 近卫伞兵师。在经过血腥的战斗和付出惨重的代价后，德军终于占领了大半个波尼里，但苏军仍控制着部分市区，特别是通过该市的铁路和公路仍处在苏军的火力控制下，德军无法使用。而此时的德军，已经精疲力竭，无力再继续前进了。

经过 4 天的激战，莫德尔的第 9 集团军的攻击能量已经耗尽。

7 月 9 日，莫德尔以第 2、4 和 20 装甲师的 300 辆坦克向奥利霍瓦特卡发动了最后一次进攻，结果是徒增损失而一无所得。

于是，莫德尔被迫在 10 日宣布德第 9 集团军转入防御。

在 7 月 5 日至 11 日的交战中，德军损失了约 5 万人和 400 辆坦克，苏联中央方面军也损失了近 34,800 人。但是，苏军顽强地挫败了德军以南北两个方向的钳形攻势包围消灭突出部内的大量苏军的企图。而且，由于情况始终在掌握之中，苏军在北部几乎没有动用草原方面军的兵力，从而使其得以全力支援南部的战斗。

▲ 被希特勒寄予厚望的"豹"式坦克在库尔斯克首次亮相。

第六章

德军之"花"

　　与北部战线相比，德军之"花"在南部钳形攻势过程中似乎所向披靡。装备了大量新式坦克和自行火炮的党卫军坦克师——"帝国"师、"骷髅"师和"阿道夫·希特勒"师，艰难地突破了苏军的重重防线。普罗霍罗夫卡坦克大战，成为德军装甲兵这只天鹅临终前的美妙歌声。随着普罗霍罗夫卡坦克大决战的失败，德军苦心经营数月的"堡垒"进攻战役，彻底破产了……

no.1 难缠的对手

在莫德尔的第9集团军群向苏联中央方面军发动疯狂进攻的同时，在库尔斯克突出部南面的苏军沃罗涅日方面军地带内，德军共集中了约 1,000 辆坦克同时投入战斗，其中700辆配置在奥博扬公路的主要方向上。

与北路的进攻不同，德军在南路集中了其军中之花——党卫军"帝国"师、"骷髅"师和"阿道夫·希特勒"师，其新式坦克的数量也超过北路。

进攻发起后，只见数百辆坦克发出震天撼地的隆隆巨响，黑压压地向苏军阵地扑去。德军想利用他们强大的钢铁洪流，将苏军阵地一举"淹没"。但是，他们遇到的却是难缠的对手。

德军坦克群发起冲击不久，就陷入苏军布下的地雷阵，原先排列整齐的坦克战斗队形，被接连爆炸的地雷炸得乱七八糟，一辆接一辆的坦克被炸得趴窝、冒烟、着火、爆炸。苏军

▼ 一辆苏 T-34 型坦克和一辆弹药车在德军的炮火中前行。

坦克和反坦克炮占据着高地，几乎弹无虚发，德军坦克被打得东奔西窜，乱了章法。无奈，只得派出步兵，穿过青纱帐去占领那些高地。可是许多步兵一离开装甲车就有去无回了。

苏军坦克兵以大无畏的战斗精神，与德军坦克进行着拼杀。由库斯托夫上士、泽列宁中士、列科姆采文上士和沙兰金中尉驾驶的坦克，在被德军坦克炮击中后，带伤继续战斗。再次被德军坦克炮击中时，坦克开始燃烧。沙兰金中尉在浓烟中喘着粗气，还想直接进行瞄准射击，但损坏的火炮不听受伤的指挥员使唤。这时，库斯托夫和列科姆采夫已受了重伤。泽列宁作为第2驾驶员，换坐到驾驶员的位置上。沙兰金中尉看着正在疯狂碾轧苏军士兵的德军"虎"式坦克，下达了撞击敌人坦克的命令。泽列宁调整好方向，开足马力，直冲附近的一辆德军"虎"式坦克撞去，一声巨响，冒着火焰的Т－34坦克以自己的全部重量撞到"虎"式坦克车侧。德军坦克油箱在强力撞击下，立即爆炸，坦克燃起熊熊大火。在10个小时的战斗中，这个坦克乘员组共击毁两辆"虎"式重型坦克、1辆中型坦克、3门反坦克火炮，消灭40名希特勒匪徒。

在几小时内，成百辆的坦克变成一堆堆破铜烂铁。炮弹、炸弹的爆炸和坦克的吼叫使大地呻吟。数百架飞机在空中穿梭不断，进行着激烈的空战。坦克的奔驰以及炮弹和炸弹的爆炸掀起满天尘土，加之燃烧的坦克浓烟滚滚，大地均因之变色，一片昏暗。地平线"消失"了，阳光全被遮掩，太阳如火红的圆盘透过烟尘勉强可见……

7月4日下午，在南方集团军群初始攻击之后，其工兵当晚悄悄从雷区清出一条道路，以利于第2天早上坦克的推进。7月5日一早，第4装甲集团军在西面战区长达40公里的战线上发起了攻击。

德军采取了把"虎"式坦克布置在第一线的战术，试图从密集的苏军防御阵地中撞出一条路来。德第48装甲军以第3和11装甲师、"大德意志"装甲师、第10装甲旅的部分兵力，共464辆坦克和89门强击火炮首先从出发位置跃起，向北部进攻，对苏第6近卫集团军的第67近卫步兵师发起了猛攻。

进攻从一开始起，就遭到了苏军的顽强抵抗。"大德意志"装甲师在第10装甲旅的支援下，以350辆坦克和强击火炮的兵力，强攻苏第67步兵师的阵地，然而，在前进了3公里后，德军的坦克陷入了苏军精心布置的雷区而动弹不得。面对苏军的猛烈火力，德国人花了整整 10 个小时才得以通过这片雷区，此间至少损失了 36 辆坦克。

越过雷区后，"大德意志"装甲师经过一场苦战，在第 11 装甲师先头部队的协助下，终于突破了苏第 67 近卫步兵师的防线。

在德军 3 个师的攻击下，第 67 近卫步兵师被迫开始后退。为了掩护主力顺利撤离，其第 196 近卫步兵团和第 611 反坦克团仍在坚守阵地，直到当天晚上，剩余部队才趁夜色突围，回到了苏军阵地。这样，第 67 近卫步兵师的主力第 199 和 201 近卫步兵团得以退入二线阵地。之后，第 67 近卫步兵师得到了第 1837 反坦克团，第 245 坦克团和第 1440 自行火炮团的增援，在这些生力军的帮助下，使进攻的德军损失惨重。

为挡住德军的攻势，瓦杜丁下令把方面军预备队中的第 27 反坦克旅派往第 67 近卫步兵师后方的第 90 近卫步兵师，希望在退入其阵地的第 67 近卫步兵师的兵力支援下，第二线的第 90 近卫步兵师能够挡住德军的攻势。

与此同时，在"大德意志"装甲师的左翼，德第 3 装甲师的 90 辆坦克猛烈地进攻苏军第

▼ 德军遭到苏军顽强抗击。

▲ 德军的"虎"式坦克正向库尔斯克方向调动。

71 近卫步兵师。虽然苏军顽强抵抗，德军还是在 5 日傍晚从第 71 和 67 近卫步兵师的结合部打开了一个口子，突入苏军防线约 7 公里，苏军被迫向后撤退。

这样，在第 1 天中，德第 48 装甲军成功地突破了苏军第一道防线。德第 3 和 11 装甲师、"大德意志"装甲师准备在第 2 天，向西北旋转，强渡佩那河，突破苏军第二道防线。

5 日 4 点，在德军第 48 装甲军的右翼，德军第 2 党卫装甲军，以 356 辆坦克和 95 门强击火炮的兵力向苏军第 52 近卫步兵师发起了攻击。第 1 党卫装甲军"阿道夫·希特勒"师充当了进攻的前锋，第 2 党卫装甲军"帝国"师和第 3 党卫装甲军"骷髅"师在其右后方，由德第 167 和 168 步兵师分别保护其两翼。付出了损失坦克 33 辆，其中 17 辆是"虎"式坦克的代价后，第 2 党卫装甲军突破了苏军第一线阵地，并继续向前推进。按照计划，他们第一天的目标是普赛尔河畔的波克洛夫卡，到 18 点，德军又向前推进了 6 公里，在那里德军被一条部署着坦克和反坦克火炮的苏军防线阻止。

这样，在德军第 1 天的攻势中，德第 2 党卫装甲军把苏第 52 近卫步兵师一切为二，并突入苏军防线达 20 公里。然而，虽然苏军第 52 近卫步兵师蒙受了 30% 的损失，但它并没有崩溃，它的第 155 近卫步兵团和第 375 步兵师一起扼守着德军突破口的东侧，其第 151 和 153

近卫步兵团则在突破口的西侧坚守阵地，以防德军进一部扩大突破口。

为了对付德军的攻势，苏第 6 近卫集团军司令齐斯特亚克夫把拥有 72 门反坦克炮的第 28 反坦克炮旅派往第 52 近卫步兵师，并命令集团军第二道防线上的第 90 和第 51 近卫步兵师加强戒备，阻止德军的进一步突破。同时，瓦杜丁下令，卡图克夫将军的第 1 坦克集团军和第 5、第 2 近卫坦克军将向苏军第二道防线开进，准备在 6 日向德军发动反击。

卡图克夫将军也许是苏军中最出色的坦克指挥官，早在 1941 年，他就担任苏军第 4 坦克旅旅长。库尔斯克战役中，卡图克夫担任最新组建的苏第 1 坦克集团军司令的职务。在接到命令后，

▲ 在飞机的掩护下，卡图克夫将军指挥的第 1 坦克集团军突破了德军防线。

卡图克夫把第 6 坦克军部署在第 90 近卫步兵师的右后方，把第 3 机械化军部署在第 90 近卫步兵师的左后方，而第 31 坦克军则作为集团军的预备队。同时苏第 5 近卫坦克军被部署在第 51 步兵师后方，而第 2 近卫坦克军被部署在德军突破口的右侧。

苏军原计划在 6 日以第 1 坦克集团军反击德第 48 装甲军，以第 5 近卫装甲军从正面，第 2 近卫装甲军从侧面攻击德第 2 党卫装甲军。

然而，由于德军在第一天的进攻比较顺利，瓦杜丁认为不应该在德军攻势正猛时发动反攻，于是，他在最后一刻下令取消了 6 日的攻击。命令第 1 坦克集团军在苏军第二道防线后建立一条额外的防线，只有在德军的攻势被阻止时，苏军才发动攻击。这个命令使得苏军的第 1 坦克集团军放弃了其机动性，而将其作用仅限于支援步兵，瓦杜丁的这个决定在当时和事后都受到了不少批评。

在 6 日上午，只有第 2 近卫坦克军按计划发动了反攻，这次攻击被德军击退。

虽然苏军的反攻没有付诸实行，但瓦杜丁的策略在一定程度上仍取得了效果，他以一半以上的坦克兵力充实苏军防线，减缓了德军攻击的速度。同时他又以其余的坦克兵力不断地打击德军的侧翼，最终把德军的攻击从他们的目标奥博扬和库尔斯克引开，并直接导致了普罗霍洛夫卡坦克大战。

而在德军的最右翼，配属于第 4 装甲集团军的"肯夫兵团"也是在 5 日凌晨 3 时 30 分，

▲ 战斗间隙的德军士兵。

开始了他们的炮火准备。30 分钟的炮击后，德军第 6、19 和第 7 装甲师，第 106 和 320 步兵师发起了攻击。

到了中午 11 时，德第 19 装甲师首先在苏军第 7 近卫集团军第 81 和 78 近卫步兵师间突入了 2 公里。而德军第 7 装甲师的进攻更为成功，到下午 1 时，其第 6 和第 7 装甲掷弹团渡过了北顿涅茨河。之后，该师以第 25 装甲团为前锋，沿着铁路从正面突破了苏军第 78 近卫步兵师的防线，向前推进了 6 公里。

这样，在 5 日结束的时候，"肯夫兵团"在苏第 7 近卫集团军的第一道防线上打开了一个深 6 公里、宽 12 公里的口子。但对德军来说，"肯夫兵团"这一天的进展不能令人满意，与第 48 和第 2 党卫装甲军相比，它只取得了微小的进展，这使得第 2 党卫装甲军的右翼有了暴露的危险。

在这一天，德国空军十分活跃，出击超过了 1,000 架次，致使苏联空军被迫采取防守的措施，双方在这一天未分胜负的战斗中，都受到了很大损失。

6 日上午，德第 48 装甲军开始了他们第二天的进攻。在德国空军的支援下，德军以第 3 装甲师在左，"大德意志"装甲师在中，第 11 装甲师在右，向北推进。一路上德军的进攻逼退了苏第 67 和 52 近卫步兵师，并逐渐逼近苏军的第二道防线。然而，到当天晚上为止，德军至少向苏军第二道防线发起了 8 次攻击，都未能成功。第 48 装甲军未能抵达普赛河，这对德军来说不是个好消息。因为在德军右翼的进攻已经严重滞后的情况下，如果其左翼的攻势也开始减慢，这将意味着进展最顺利的第2党卫装甲军的两翼都有受到攻击的危险。

德第2党卫装甲军在这一天的进展较为顺利。上午，在炮火的掩护下，德军以"阿道夫·希特勒"师在左，"帝国"师在右，迅速突破了苏军第51近卫步兵师防御的第二道防线，深深插入了苏军防线的后方。

经过一场激烈的坦克战后，苏军第5近卫坦克军在反击"帝国"师时，蒙受了重大损失。然而，苏军也只是延缓了德军的进攻速度，并未能达到阻止其前进的目的。

虽然德军第2党卫装甲军的进展令人满意，但该军军长豪塞尔却开始把忧虑的眼光投向他日益暴露的两翼。由于在他右翼的"肯夫兵团"和在他左翼的第48装甲军都开始滞后，他的两翼完全处在苏军不停的反击下。尽管在二线的"骷髅"师在空军的帮助下，击退了右翼苏军的攻势，但如果整个"骷髅"师都被迫用于保护德军的右翼，那他将无法对至关重要的北方——奥博扬发动进攻。

在6日傍晚，苏军也调整了部署。瓦杜丁把更多的反坦克武器布置在德军前进的路线上，并把第1坦克集团军的预备队第31坦克军向东，调往德第2党卫装甲军的前进路线上。在这一天，对苏军来说，唯一的好消息是在第6和第7近卫集团军的结合部上，苏第375步兵师

◀ 德军坦克指挥官向过路的军车问路。

在第 96 坦克旅和第 496 自行火炮团的支援下，一再打退了德"骷髅"师的进攻，使德第 2 党卫装甲军和"肯夫兵团"不能连成一气。

虽然这样做的重要性在当时未能被人所及时理解，但事后证实这点对整个战役的结局有着重大影响。

"肯夫兵团"6 日的攻势首先由第 19 和第 7 装甲师发动，第 6 装甲师则在当天下午加入。德第 19 装甲师，在其左翼德第 168 步兵师的支援下，从顿涅滋河对岸的桥头堡出发，打击苏第 81 近卫步兵师的左翼，并突破了该师的防线，苏军在投入了该师最后一个营的预备队后，才暂时阻止了德军的前进。与此同时，德第 7 装甲师突破了苏第 78 近卫步兵师的防线，并抵达苏联第二条防线。在此据守的是苏第 73 近卫步兵师和第 167、第 262 坦克团。在一整天里，德第 7 装甲师连续对苏军防线发动攻击，但都未能达成突破。下午，德军预备队第 6 装甲师终于赶到，它在第 19 和第 7 装甲师的中间向苏军发起攻击。但这个时候，苏第 7 近卫集团军司令苏米洛夫及时地把苏第 111、270、15 近卫和 94 近卫师调到德军突破位置，苏军终于顶住了德军的攻势。

这样，在 6 日终了时，尽管德军第 48 装甲军和第 2 党卫装甲军成功地在苏军第二道防线上打开了一道缺口，并严重威胁到奥博扬的安全。但是，德国人为此至少付出了 300 辆坦克

▼ 苏军坦克正全力阻击德军坦克突破苏军防线。　▼ 一颗苏军炮弹落在德军的坦克旁，爆炸掀起的尘土四处飞溅。

和强击火炮的代价。其中，"大德意志"装甲师在进攻开始时有350辆坦克和强击火炮，此时还能运行的只剩下80辆。虽然有些坦克可以经过修理，再重新投入战场，但不可否认的是，德军的进攻能力已经开始被削弱了。

同时，由于"肯夫兵团"不能赶上左翼德军的进攻速度，使得德"骷髅"师被迫被用于保护德军的右翼，而不能用来扩大突破。同时，德国空军在两天里共损失了超过100架飞机，其出击次数由5日的1,278架次降低到6日的873架次，空中优势逐渐在向苏军方向转化。因此，尽管南部进攻初战告捷，但德军今后的行动将越来越困难。

No.2 形势逆转

党卫坦克师被称为德军之"花"，其中包括第1党卫"阿道夫·希特勒"师、第2党卫"帝国"师和第3党卫"骷髅"师以及"大德意志师"等等。这些坦克师另加强有3个独立的坦克营，装备有"虎"式重型坦克、"豹"式中型坦克和"象"式坦克歼击车。在希特勒眼里，德军之"花"是永远不会失败的。

6日下午6时30分，瓦杜丁向最高统帅部和华西列夫斯基要求增援。

当晚，华西列夫斯基就向最高统帅部发电，要求立即把草原方面军第5近卫集团军的第10坦克军调往德军48装甲军的进攻方向，并把第2坦克军调往德军第2党卫装甲军面前的普罗霍洛夫卡。同时，他还要求准备把第5近卫坦克集团军调往沃罗涅日方面军。

华西列夫斯基的要求很快被批准了。斯大林亲自给瓦杜丁打电话，要求他不惜任何代价，阻止德军在库尔斯克突出部南部的突破，为酝酿中的苏军在突出部北部的进攻争取时间。

形势在第2天开始发生逆转。

7日早晨，德军第48和第2党卫装甲军再次对苏联第6近卫集团军和第1坦克集团军防守的第二条防线发起进攻。

一开始，第2党卫装甲军的攻势比较顺利。该军以"骷髅"师向东进攻，以"阿道夫·希特勒"师和"帝国"师向北进攻，逼退了苏联第49和100坦克旅。但是，苏军立刻以第5近卫坦克军向德军暴露的右翼发起了一次反击，尽管在"帝国"师空军的支援下，德军击退了苏军的反攻，但德军的进攻速度也慢了下来。

苏军趁机将第183步兵师部署在德军前进方向上，同时苏军第31坦克军的第242和237坦克旅也出现在德第2党卫装甲军的左翼，这迫使德军不得不把"阿道夫·希特勒"师的部分兵力用于保护他们的左翼。这样，第2党卫装甲军只剩下一小部分兵力可以向北进攻。在7

日整个一天里，第2党卫装甲军只前进了数公里，未能达成突破苏军防线的任务。同时，由于其左翼苏军的抵抗十分激烈，德军的攻击方向逐渐向东北偏离了他们计划中要夺取的奥博扬，而指向了普罗霍洛夫卡。

对于德第4装甲集团军左翼的第48装甲军来说，7日的任务十分艰巨。他们要向北推进，在东北方向赶上第2党卫装甲军，以保护其暴露的左翼。但是，第48装甲军的攻势却受到苏军的顽强抵抗。因为，瓦杜丁命令计划不惜一切代价，阻止第48装甲军和"肯夫兵团"突破苏军防线，和党卫军汇合。

第48装甲军7日的攻势首先由"大德意志"师和第11装甲师发动。在斯图卡俯冲轰炸机的支援下，德军猛烈地攻击苏第1和第3机械化旅的阵地，在一场残酷的战斗后，德军沿着奥博扬公路前进了5公里，但苏军的坦克和反坦克火炮使德军的坦克损失惨重。一天之内，德军损失了28辆"虎"式坦克和76辆其他德军坦克。尽管遭受了重大损失，德军仍在顽强地前进。

面对苏军防线有完全被突破的危险，为了保持防线的完整，瓦杜丁和卡图可夫命令第3

▼ 德军坦克部队正在行进途中。

机械化军的左翼向北撤退，以保持其和东边的第31坦克军的联系，撤退的苏军遭到了德国炮兵和空军的猛烈轰击，损失惨重。但尽管如此，德军也未能及时扩大战果，因为卡图可夫命令第6坦克军的第112坦克旅，从侧面打击了突入最深的"大德意志"师，这次逆袭勉强使德军的攻势停顿下来。

7月8日，德军继续他们的攻势。"大德意志"师和第11装甲师继续压迫着苏第3机械化军，使之步步后退，而德第3装甲师也逐渐赶了上来，以保护德军的左翼。很显然的，光靠第3机械化军本身，已无法阻止德军的前进。

于是，瓦杜丁只能下令把计划用于对付德第2党卫装甲军左翼的第31坦克军调回来，该军将和第3机械化军余部、第309步兵师、第29反坦克旅、两个坦克旅、3个反坦克团布防在德第48装甲军占领的阵地面前。瓦杜丁希望这个部署至少能暂时阻止德第48装甲军向北朝奥博扬的进攻，以使他有足够的时间来组织第2、10和第5近卫坦克军在普罗霍洛夫卡以南对德第2党卫装甲军的反攻。

▼ 战场上德军的三种战车在一起，实乃难得一见的场景。

与此同时，德第 48 装甲军军长冯·克诺贝斯多夫将军也在考虑下一步的作战计划。由于苏军在其左翼聚集了越来越多的兵力，为了解除这个威胁，他在 8 日晚下令"大德意志"师和第 11 装甲师于次日首先沿着奥博扬公路向前推进 5 公里，并攻占公路上重要的制高点。然后第 11 装甲师继续向北推进，"大德意志"师则向左转，在第 3 装甲师和第 332 步兵师的配合下，歼灭苏军在德军左侧的部队。之后，再重新向北加入第 11 装甲师，向奥博扬攻击前进。

对于德国第 2 党卫装甲军来说，7 月 8 日是十分顺利的一天，因为德国人终于能以步兵第 167 师接替"骷髅"师，以保护德军的右翼，使得德军能以 3 个装甲师的兵力向北推进。

本来，苏军准备在 8 日以第 10 坦克军从正面迎击，以第 2 坦克军，第 2 和第 5 近卫坦克军攻击德军的右翼，但由于德军的前进非常迅速，使苏军的坦克兵力只能逐次投入战场。

首先投入攻击的是第 10 坦克军，它的 3 个坦克旅在第 183 步兵师的协助下，从正面攻击了德"帝国"师和"骷髅"师，结果在德军猛烈的反坦克火力下被击退，并遭到了重大损失。8 日下午发动攻击的第 2 坦克军，也同样被德军击退。此外，向"帝国"师右翼发动进攻的第 5 近卫坦克军，只取得了微小的进展。而第 2 近卫坦克军的进攻则成了一场灾难，该军的 140 辆坦克在集结时被德国空军的侦察机发现，立刻招致 4 个德军空军中队的袭击。在损失了约 50 辆坦克后，被迫停止了攻击。至此，苏军的反击以失败告终。

这样，不仅德国第 2 党卫装甲军北进的步伐未能被阻止，而且德第 48 装甲军的前进速度也大大加快了，并使得这两个德国装甲军之间恢复了接触。但由于德军右翼的"肯夫兵团"仍未能赶上来，第 2 党卫装甲军的军长豪塞尔将军再一次被迫以"帝国"师主力用来保护他的右翼。

而位于右翼的"肯夫兵团"从一开始就进展得不顺利。7 日早晨，"肯夫兵团"再次陷入了苦战中。本来，德军打算以第 19 装甲师在左，新投入的第 6 装甲师在中，第 7 装甲师在右，对苏联第 81 近卫装甲师的右翼形成突破。

然而，苏联第 7 近卫集团军司令苏米洛夫立刻做出了反击。他把第 92 和 94 近卫步兵师以及第 96 坦克旅派往德军的进攻正面，迟延德军的进攻；并以第 305 步兵师在后方建立一条新的防线，以阻碍德军近一步向北推进；同时，他还命令苏第 213 步兵师和第 72 近卫步兵师进攻德军的右翼，这个反攻重创了保护德军右翼的德第 106 和 320 步兵师，从而拖住了德第 7 装甲师的部分兵力。

第 2 天，苏米洛夫接着把第 15 近卫步兵师、第 270 和第 111 步兵师投入对德军右翼的攻击，这使德军被迫把整个第 7 装甲师用于保护自己的右翼，而德军左翼的第 19 装甲师的进攻，也被苏第 81 近卫步兵师的顽强抵抗所阻止，只有第 6 装甲师在第 503 独立装甲营的支援下前

进了 8 公里，这样在 7、8 日两天的战斗中，"肯夫兵团"虽然最终突破了苏军的第一道防线，但远未完成突入苏军防御纵深和保护第 2 党卫装甲军右翼的任务。

在 7、8 日两天的空中战斗中，苏联空军逐渐扩大了它的优势，在这两天中，苏联空军都保持了 1,100 架次的出击次数，而德国空军的出击数从 7 日的 829 架次降到了 8 日的 652 架次，虽然如此，德国空军仍能保持在战场关键地带的区域制空权，在 11 日以后，苏联空军才最终夺得整个战场上空的控制权。

9 日是库尔斯克战役关键的一天，瓦杜丁已经知道苏联最高统帅部已经同意把第 5 近卫坦克集团军和 8 万人的第 5 近卫集团军从草原方面军调给他指挥，但这些部队需要几天的时间才能到达。在这几天里，瓦杜丁决定在奥博扬公路正面继续抵挡德军向奥博扬推进的同时，在两翼连续发动反击，使德军无法全力以赴地攻击他们的主要目标。

为此，瓦杜丁把第 69 集团军部署在第 6 和第 7 近卫集团军的后方，以阻止德军向东北方普罗霍洛夫卡可能的推进，把第 10 坦克军从苏军的左翼调到中央奥博扬公路上，同时他还把第 309 和 204 步兵师部署在同一条公路上，这些部队将和原来在这个方向上的第 31 坦克军和第 3 机械化军一起，阻止德军直接攻向奥博扬的一切企图，而第 2 坦克军和第 5 近卫坦克军将再一次向德军右翼发动进攻。

9 日，曼施坦因把所有可以集结的飞机都投入到战场上，在这一天德国空军出击次数高达

◀苏联第5近卫坦克集团军的坦克正向前线急驶，增援瓦杜丁的沃洛涅日方面军。

▶苏联第5近卫坦克集团军司令员罗特米斯特罗夫将军（中）与部下一起研究作战计划。

1,500架次，几乎是苏军的两倍。

在密集的空中支援下，德第2党卫装甲军以"阿道夫·希特勒"师和"骷髅"师向北沿着奥博扬公路发起了进攻。他们逐渐逼退了苏第3机械化军和第31坦克军，日终时分，"骷髅"师抵达了普赛尔河，并和其左翼的第11装甲师建立了联系。同时，苏联第2坦克军和第5近卫坦克军对德军右翼的攻击，再一次被"帝国"师和第167步兵师所击退。

德第48装甲军9日的攻势分为两个部分。首先，其第11装甲师继续向北推进，突破了苏联第3机械化军的防线，并和其右翼的党卫军"骷髅"师建立了联系。而在同一时间，"大德意志"师则向左回旋，计划能在最短的时间内，和第3装甲师一起消灭威胁德军左翼的苏军部队，然后再回头和第11装甲师一起再次向北推进。但事实证明，这是德军一厢情愿的美梦罢了。从一开始，"大德意志"师就陷入了和苏第6坦克军和第90近卫步兵师的苦战中。同时，瓦杜丁立刻抓住了这个机会，大量兵力调往他的右翼，牢牢缠住德"大德意志"师和第3装甲师，使他们再也无法被用于德军计划中的主攻方向奥博扬。

由于右翼的"肯夫兵团"在9日一整天依然毫无进展，现在，德军第48装甲军只剩下第11装甲师可以配合第2党卫装甲军向北的攻势了。而苏第2坦克军和第5近卫坦克军又不断对德军右翼发动攻击，这使得德第4装甲集团军司令霍斯将军做出了一个重大的决定：第2党卫装甲军将偏离奥博扬方向，转向东北的普罗霍罗夫卡，以摧毁苏军在德军右翼聚集的部队。

▲ 苏军士兵在坦克掩护下，奋勇前进。

正是这个决定，直接导致了几天后的普罗霍罗夫卡坦克大战。

No.3 坦克大战

7月9日，"狼穴"大本营里充满了欣喜愉快的气氛。

对希特勒来说，尽管在前几天的残酷战斗中，德军付出了一定的伤亡代价。但蔡茨勒的报告说，坦克损失的数量尚在可接受的范围之内，而南部钳形攻势进展得也算顺利。因此，在7月9日的元首战务会议上，希特勒宣称："东线进攻进展顺利！"

也就是在同一天，苏联沃罗涅日方面军司令瓦杜丁意识到德军可能会改变原定的主攻方向，对普罗霍罗夫卡发动一场聚集式的进攻。于是，瓦杜丁将罗特米斯特罗夫中将统领的精锐的第5近卫坦克集团军紧急调到普罗霍罗夫卡以北地域，用来增援波波夫的第2坦克军驻守的防御阵地。

果然，在9日晚接到霍斯有关改变进攻方向的命令后，3个党卫军师整夜都在向进攻出发点聚集。但由于夜色和复杂地形的影响，直到10日下午1点钟，经过几场激战之后，"阿道夫·希特勒"师、"骷髅"师和"帝国"师才勉强完成集结，在普赛尔河建立了一个桥头堡。之后第二天，也就是11日，布赖特的第3装甲军也推进到距离普罗霍罗夫卡仅20公里的日扎维茨，做好了全面进攻的准备。

一场人类历史上规模最大的坦克战即将爆发：700辆苏军坦克与500辆德国突击战车在一系列惨烈的遭遇战中交锋。

罗特米斯特罗夫认真研究了"虎"式坦克与"斐迪南"式战车的战后报告认为，"虎"式坦克前装甲厚达10厘米，不容易被反坦克炮弹击穿，其坦克炮射程远，威力大。但是，针对"虎"式坦克速度慢和易燃的弱点，可以充分发挥T－34坦克机动速度快的优势，近战歼敌，从正面直接切入或从侧面进攻。

7月12日清晨，德军200辆坦克以密集队形展开，向坚守在普罗霍罗夫卡西南的苏军第

69 集团军发起了猛烈攻击。沃罗涅日方面军司令员瓦杜丁即令第 5 近卫坦克集团军司令员罗特米斯特罗夫向进攻的德军发动反突击。

8 时 30 分，在炮兵进行了 15 分钟的炮火准备后，罗特米斯特罗夫的部队发动了攻击。

这是两支部队以攻对攻的决战。

向普罗霍罗夫卡进攻的是德军第 2 党卫军装甲军的 3 个师——"帝国师"、"骷髅师"、"阿道夫·希特勒师"，主战装备是"虎"式、"豹"式坦克和"斐迪南"式自行火炮，它们正在不可一世地杀向苏军阵地。

罗特米斯特罗夫面对大群德军坦克拖着高入云霄的烟尘滚滚而来，命令 T－34 坦克冲入德军坦克群，进行近战，以弥补在装甲防护和火力上的不足。于是，一场坦克"肉搏战"开始了。

700 多辆 T－34 坦克、KB 型重型坦克和 CY－85 型自行火炮，发出狂暴的吼声，以 50 公里的最高时速，在俄罗斯草原上风驰电掣般地冲向对面德军坦克。

苏军坦克速度快，又急于近战，很快就冲入德军坦克的队形……

只见战场的一边，苏联的 T－34 坦克开足马力向"虎"式坦克冲去，"虎"式坦克直往后退，这时 T－34 坦克的炮身一震，炮口喷出一团火光，"虎"式坦克往后一跳，便停止不动了。但这辆 T－34 坦克马上受到两辆"豹"式坦克的攻击，中弹起火，一股浓烟腾空而起。在另一边，4 辆 T－34 坦克被十几辆德军坦克包围着，双方一阵猛烈的射击之后，4 辆 T－34 坦克都被击中起火，德军的 1 辆"虎"式坦克也被击中在原地打转。突然，其中一辆 T－34 坦

▼ 普罗霍罗夫卡会战的战场一隅：T-34 坦克的炮塔被炮弹掀飞了。

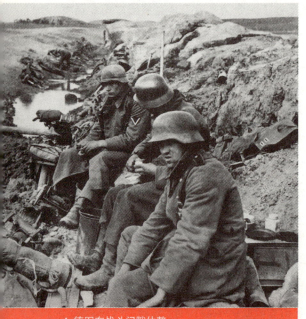

▲ 德军在战斗间隙休整。
▼ 库尔斯克战役中，一名德军士兵沮丧地抱头坐在一门被摧毁的大炮前，旁边是其同伴的尸体。

克带着火冲向德军的坦克群，1辆德军自行火炮躲闪不及，被撞翻在地，引爆了车内的炮弹，随着一声巨响，整个上半截车身连同火炮都被掀在了一旁……

在普罗霍罗夫卡方圆15公里的大地上，马达轰鸣，履带声铿锵作响，爆炸声此起彼伏，炮声震耳欲聋，硝烟弥漫蔽日，两股钢铁洪流展开了惊心动魄的决战。

田野上、公路边、村庄里，到处都是爬动的钢铁坦克，几乎每一平方米的土地都被坦克履带碾压过。坦克、自行火炮的残骸和残缺不全、被烧焦的士兵尸体随处可见……

有关库尔斯克惊心动魄的坦克大会战的书很多，但所有的目击者、当事人都感觉到用言语来描述这场战争是苍白无力的。

华西列夫斯基在其回忆录中这样写道：

我有幸目击了两股钢铁洪流于7月12日在库尔斯克突出部进行，这是真正大规模的坦克决斗……数百门火炮和我们所拥有的全部火箭炮同时参加了战斗，结果在一小时内燃烧着的德军坦克和我方坦克遍布战场。

参加这场战斗的苏方指挥员罗特米斯特罗夫写道：

普罗霍罗夫卡附近的坦克交战特别残酷和激烈……在这块不怎么宽的地段上，双方参战的坦克和自行火炮约有1,200辆。夜幕降临前，战场上响彻着经久不息的发动机轰鸣声和履带的滚动声。许许多多车辆起火燃烧，烟尘像乌云般遮住天空。

一名参加当时战斗幸存的德军坦克兵回忆道：

敌人无数坦克向我们猛冲，我对苏联坦克压倒一切的威猛印象从来没有那天深。团团的硝烟使空军无法支援我们，大量的Ｔ－３４型坦克很快冲破我们的队形，在整个战场像大群的耗子一样尖叫。

这场空前血腥的坦克大战一直持续到天黑，整整８小时。

德军终于支撑不住了，扔下４００多辆东倒西歪的坦克，匆匆退去。

参战的苏军坦克也损失过半。战场上留下７００多辆苏军坦克和自行火炮的残骸，它们有的紧紧撞在一起，有的炮塔被掀掉……

苏军的损失虽超过德军，但它是最后的胜利者。

对于这次战斗的意义，华西列夫斯基评价说：

交战的主要战果，依我看，是打败了敌人的坦克兵团，由此，在这一重要兵种出现了特别有利于我们的兵力对比。而这种优势在很大程度上是我们在距别尔哥罗德３０公里的普罗霍罗夫卡以南的大规模坦克遭遇交战的胜利所造就的。我是这次两大钢铁集群真正大规模决斗的见证人。它发生在７月１２日库尔斯克弧形地带的南正面。

一些资产阶级历史学家在自己的著作中也指出，苏联军人在普罗霍罗夫卡近郊的坦克交战中所取得的胜利具有决定意义。英国军事历史学家普·扬格写道：

傍晚，苏联人成了战场的主宰。历史上最伟大的坦克会战结束了。

姆·帕利思写道：

德国人在１.６公里地面上约有１５０辆坦克，但是苏军拥有坦克的数量更多一些，而且具有速度快和突击性好的优势，因而能够打败冲击者。地面和空中交战沸腾了一整天。这是第二次世界大战真正最激烈的交战。进攻者损失上万人。德国人想从库尔斯克会战中捞到点什么的最后希望就这样彻底破灭了。

当时任苏军草原方面军司令员的科涅夫评论说：

普罗霍罗夫卡坦克大战，是德军装甲兵这只天鹅临终前的美妙歌声。

普罗霍罗夫卡地域的坦克战，不仅使德军损失 400 多辆坦克且使德军被迫停止进攻，并后退 8 至 10 公里。

德军经过数月准备的"堡垒"进攻战役，随着普罗霍罗夫卡坦克大决战的失败，遭到彻底的惨败。

7 月 13 日，付出惨重代价的"堡垒"行动陷入了僵局，它对于受到惨重伤亡的德军已无丝毫战略价值。

▲ 盟军士兵正登船开往西西里岛。

第七章

左右为难

　　盟军在西西里岛登陆以及墨索里尼政权被推翻，迫使希特勒不得不重新考虑下一步的军事部署。希特勒错误地认为，"奄奄一息"的苏联无法在短时间内发动反击，在保持东线稳定的同时，他必须去支援那里已经左右摇摆的盟友。预备兵力告罄，希特勒不得不抽调与法西斯政治血缘最为密切的 3 个党卫军装甲师……

No.1 错误的结论

正当东线德军在苏德战场上与苏军打得难解难分之际，西线德军也频频告急。美、英和加拿大军队在德军对库尔斯克突出部发起进攻5天后的7月10日，在意大利西西里岛登陆。到7月12日，盟军已向西西里岛运送了16万名士兵，还有600辆坦克。对希特勒来说，局势已经不能等闲视之了，是需要作出战略决策的时候了。

7月12日深夜，在"狼穴"的办公室里，希特勒在来来回回地踱着步。

在希特勒的办公室里，对着正面窗户的是一个壁炉，壁炉的前面摆着一张圆桌，桌子的周围摆放着带有灯芯草靠垫的椅子，对面的墙上挂着一幅大比例尺地图。

一般情况下，在这间屋子里聚集的有希特勒的医生、军事副官、私人副官以及秘书。在听完希特勒的讲话之后，其他人一走而光，留下空荡荡的屋子。

而现在，偌大的房间里只有希特勒一个人，围着圆桌走着，一圈又一圈。

突然，希特勒停住了脚步，怔怔地望着墙上的地图，脸上的神情令人捉摸不透，他的思绪又回到了1941年6月22日的那个晚上。

那天和现在一样，希特勒也是一点儿睡意也没有。

希特勒至今还清楚地记得发动"巴巴罗萨"之前自己的复杂心情。

确实，这笔赌注太大了，他的毕生事业、他的憧憬和幻想，数千万德意志人民乃至整个欧洲大陆的命运，都系在这笔空前的赌注上了。拂晓时，数百万士兵将按照他的命令，投入到一场空前惨烈的战争中去。在此之前，世界已目睹了这支武装力量不可一世的淫威。而再过一时，整个世界又将为其锐不可当的气势所窒息。届时，德国国防军将在芬兰和黑海之间宽阔的地带，以近5,000架飞机、4,300辆坦克和7,400门大炮及数百万训练有素的士兵对苏联发动突然袭击！这就是他——阿道夫·希特勒的赌注，也是他一生中最孤独、最重大、最奇特的一个决定。

当时，希特勒相信自己20多年的夙愿将要成为现实。

早在写《我的奋斗》一书时，希特勒心中就已萌发了一个幻想：将苏联这个欧洲大陆的巨人，一举摧毁，然后在其废墟上建立起万古不朽的第三帝国。

到时候，将再也没有人敢觊觎这块德意志民族巨大的生存空间。即便是以前总是对他的"和平之手"置之不理的英国，也将在他的面前退缩。

他相信他的年轻部队的战斗力在世界上是很强大的；他相信他的总参谋部运筹帷幄的能力；他更相信那屡试不爽、无坚不摧的"闪电战"的威力。

但是，不知道为什么，在进攻前夕的那个不眠之夜，希特勒忧心忡忡，心里有种不祥的

▲ 德军冯·博克元帅（左）在苏联境内指挥作战

▲ 希特勒在"狼穴"迎接墨索里尼。

▲ 希特勒仍然踌躇满志，"巴巴罗萨"计划是他一生最大的一个赌注。

预感。

也许是他和他的将军们，以及无处不在的秘密警察，都对即将与之交锋的那个国家知之甚少，这无形中让人毛骨悚然。

他，理查德·瓦格纳的崇拜者，觉得自己像这位歌剧大师创作的《漂泊的荷兰人》中那艘鬼船，在狂风暴雨肆虐的海面上颠簸。他又仿佛推开了一扇大门，不知道门后面隐藏着什么。"这种无把握的恐惧心理袭扰了我好长时间。"希特勒后来在一次讲话中描述了自己当时的心境。

1939 年，苏德签订互不侵犯条约，使希特勒受益匪浅。因为消除了来自东邻的威胁，希特勒不仅随心所欲地处置了波兰，而且征服了西欧和巴尔干半岛诸国。到 1940 年 6 月，纳粹德国在西起大西洋，东至苏联西部边境，北起斯堪的纳维亚半岛，南至克里特岛的广大地区，确立了法西斯统治。然而，希特勒梦寐以求的目标是征服苏联，独霸欧洲，夺取世界霸权。

占领苏联是希特勒的既定政策。1940 年 7 月 29 日，在统帅部开会期间，希特勒说道，"如果苏联被摧毁，英国的最后希望就会被粉碎。那时，德国就将成为欧洲和巴尔干的主宰。"

12 月 5 日，总参谋部召开会议，希特勒批准了进攻苏联的计划。

随着进攻时间的临近，历史的阴影也悄悄地袭上了他的心头，

希特勒要像当年十字军东征那样去进

行这次远征。所以，他把这个计划定名为"巴巴罗萨"。这是 12 世纪罗马皇帝菲特烈·巴巴罗萨的名字，这位皇帝 1190 年 6 月在一次十字军东征途中，溺死于小亚细亚的一条河里。希特勒用巴巴罗萨来为其侵略计划命名，是想给这次战争涂上圣战的色彩。

然而，在进攻前的几个月里，希特勒更多地是在思考一桩近代的历史事件。约在 129 年前，拿破仑对俄远征中的一幕幕悲剧——博罗季诺大屠杀、莫斯科大火、贝里辛那冰雪中的大败退……在希特勒的脑海里闪过，他一再试图将其从心里抹去，然而却做不到。

"巴巴罗萨"计划总的战略目的是，在对英国的战争结束以前，快速击溃苏联。该计划的制定者企图以大量坦克部队、摩托化部队及航空兵，实施"闪电"式的突然袭击，分割围歼西部的苏军主力，然后向战略纵深进攻，攻占列宁格勒、莫斯科和顿巴斯，前推到阿尔汉格尔斯克、伏尔加河、阿斯特拉罕一线，并于 1941 年入冬前结束战争。为此，德军最高统帅部集中了 181 个师、近 5,000 架飞机和 4,300 辆坦克，总兵力达 550 万人，编成 3 个集团军群和 3 个独立行动的集团军，准备在 3 个战略方向上实施进攻。其兵力部署和战略企图是这样的：

"南方"集团军群，由伦德施泰特元帅指挥，自波兰向基辅方向进攻，夺占基辅及其以南地域内的第聂伯河渡口，消灭右岸乌克兰的苏军，强渡第聂伯河，向顿巴斯发展推进。

"北方"集团军群，由勒布元帅指挥，自东普鲁士的哥尼斯堡向列宁格勒方向实施进攻，消灭波罗的海沿岸地区的苏军，占领沿海的港口。同时，阻止苏军从波罗的海沿岸向东撤退。

"中央"集团军群，由博克元帅指挥，从波兰华沙地区向明斯克方向突击，割裂苏军防御的战略正面，围歼白俄罗斯境内的苏军，尔后直攻莫斯科。

然而，之后的军事行动却似乎证实了希特勒出发前的不祥预感。德国军队只是在苏德战争初期取得了暂时性的胜利，便在斯拉夫民族的顽强抵抗下放慢了脚步。"台风"计划没有实现希特勒占领莫斯科的愿望，相反，却粉碎了他在入冬前结束战争的梦想，打破了"德军不可战胜"的神话。再往后，斯大林格勒会战又让他元气大伤，保卢斯的投降更是让他耿耿于怀。如今，难道他又要在库尔斯克突出部重演历史悲剧吗？

希特勒在心里问自己，办公室里除了钟表的走动声，就是鞋钉与地面敲击的声音。在深夜的寂静中，希特勒甚至感觉能够听到自己的心跳。

进入 7 月以来，希特勒难得能够一直保持轻松愉快的心情。尽管刚听到盟军登陆的消息时，他怒不可遏，认为美、英联军在其决定命运的关键时刻从背后捅了他一刀，但只一会儿，他便平静了。

为什么希特勒到这个时候还没有意识到自己的时乖运蹇呢？

原因很简单，希特勒认为即便是此时中止"堡垒"行动，仍然可以敲掉苏联的牙齿！

◀ 得胜归来的苏军坦克。

　　确实，到 7 月 12 日为止，尽管德军伤亡惨重，但仅曼施坦因就俘虏了敌人 24,000 名，缴获和摧毁了苏联 1,800 辆坦克、267 门大炮和 10,080 门反坦克炮。因此，没有必要担心苏联在秋季之前会进行具有战略意义的反攻了。除非灾难和骚动席卷了苏联，否则斯大林现在绝对不会不顾一切地进行反攻。

　　希特勒的信心来自他的情报系统。

　　德国的情报专家把截获的苏联信件分门别类地进行了研究，这些信件加起来有几百麻袋之多。专家们把 1943 年与 1921 年那次苏联饿死人的灾难性的饥荒做了比较。

　　对于专家们得出的结论，希特勒深信不疑。甚至当他读到有一封信描写一个姑娘为了得到 15 只鸡蛋就在野狼出没的旷野里跋涉了 64 公里时，希特勒甚至发出了"这些信件常常提供对令人心肝欲碎的人类命运的一瞥"的感叹。

　　阅读这些信的摘要甚至一度成为希特勒闲暇时间的消遣。

"一位母亲对在前线的丈夫描绘了他们的孩子的成长情况，并且把孩子的小手描画在信上"。

"一个12岁的女孩写信告诉父亲说母亲已经去世了，字里行间流露出她对父亲的同情，好像她突然长大成人了一样"。

"一个年轻的妻子以充满感情的词句解除了她丈夫的全部恐惧，表示她的爱要比他们的分离更长久，虽然他们已经分离三年多了"。

……

许多信件让希特勒感动，他有时会抽出时间对爱娃复述。

大概是信中重复出现的主题加深了希特勒的印象，他想当然地认为："苏联已经是奄奄一息了"。

然而，正如在库尔斯克战役发起前希特勒低估了苏联的军事潜力及实力一样，这次，希特勒又一次得出了错误的结论。

No.2 发动攻势

其实，让希特勒相信德军仍能控制东线战场局势的还有其他原因，这就是，德国的新式武器能使他坚持到1944年。

7月8日，邓尼茨来了，带来了21型潜艇的蓝图。这些潜艇全部电器化，在水下速度极快，可以使敌人的全部防御措施失效。

"专家们认为在1944年11月前能制造出第一批。"邓尼茨这样向希特勒保证。

同时，为了避免潜艇被盟军的雷达侦察设备捕获，邓尼茨表示将尽快给潜艇安上一种既简单，又能在它们被雷达追寻时及时发出警告的装置。此外，一种新的水雷——反船运雷也诞生了，这种水雷不仅有效，而且难以对付。

对于德国海军的这些突破，希特勒深感满意。特别是反船运雷，希特勒甚至要求暂时不给海军使用，因为担心被盟军得到后大量仿制来对付德国。同时，希特勒还爽快地答应了海军大力发展潜艇的要求。

也是在同一天，斯佩尔把波罗的海佩内明德陆军火箭研究实验室的几位高级专家带到希特勒那里去。

希特勒早就知道戈林和米尔契在佩内明德有一班人马在搞无人驾驶飞弹，但是他对火箭工程一直很冷淡。早在1942年希特勒就曾经说过，这种火箭没有用，除非第一次就能打出

▲ 希特勒和戈林在一起。

五千发，而且产量每月得达到三万发。然而，就在希特勒需要的时候，研究专家竟然给他带来了好消息，导弹专家都向希特勒保证说，他们的导弹当年即可用于对付英格兰。

这种秘密武器实际上就是后来研制出来的Ｖ－１火箭，其弹体长7.76米，翼展4.9米，最大直径 0.82米，弹头炸药的重量为850公斤至1,000公斤，火箭的总重量达2,300公斤，最大时速为240公里，飞行高度为2,000米，最大射程为280公里。Ｖ－１火箭用汽油作推进剂，可以从地面的发射架上发射，也可以通过飞机运载来发射，后一种发射方式可以增大射程。火箭在飞行过程中发出"嗡嗡嗡"的声音，火箭着地时，由触发引信点燃炸药后爆炸，因此，人们也把这种火箭称为"嗡嗡飞弹"。

尽管这种给伦敦带来无穷噩梦的导弹最终投入使用是在一年之后，但毕竟还是让希特勒看到了希望。

然而，对于下一步的行动，希特勒还是有些犹豫。

要知道，两线作战历来是兵家之大忌，东西线战场对他都非常重要，而目前的实力要求希特勒必须有所选择。

于是，7月13日，希特勒在"狼穴"里召见了德中央集团军群司令克卢格元帅和南方集团军群司令曼施坦因元帅，想听听两位他最信任的司令官的意见。

希特勒首先大骂意大利盟友的无能，之后，希特勒宣布由于英美联军在西西里登陆，使得意大利的局势变得十分不稳，而靠意大利本身的实力无法抵御西方盟军的入侵，为了保住意大利和巴尔干，他有意中止"堡垒"行动，从东线抽调兵力去支援意大利前线。

然而，希特勒宣布这一决定时，没有下命令的决断。因为，7月13日当天的形势让他有些拿不定主意。

7月13日，在库尔斯克北部，苏军不但阻止了德军的攻势，并且发动了反攻。而在南部，虽然德军的进展比北部大，但至今未能达到突破苏军整个防御体系和大量消灭苏军的目的。更何况在哈尔科夫南部的顿巴斯地区，德军发现苏联南方方面军和西南方面军正在准备对德南方集团军群的侧翼发动一场大规模的攻势。这一切使希特勒觉得，德军在"堡垒"行动中难以取得一个决定性的胜利，这个胜利足以用来抵消美英联军在意大利的胜利。他在怀疑，是不是该中止进攻，转入防御了。

对于希特勒的决定，克卢格表示完全赞同，基于中央集团军群现在的局势，任何进攻的企图都是不切实际的。

他声明："德军的进攻不可能继续下去，更不可能恢复态势。"

然而，曼施坦因却强烈地表达了反对意见，他认为苏军在南方的攻势不会对德军产生太大的影响，而他的部下虽经过多日的苦战，仍对战斗的胜利充满了信心。更重要的是，曼施坦因同希特勒一样，认为苏军已经到了强弩之末，德军只要多坚持一下就能取得胜利。

因此，曼施坦因强烈主张中央集团军群和南方集团军群应该继续协力发动攻势，并表示他已经准备在库尔斯克南部投入最后的预备队——德国第 24 装甲军，该军辖第 23 装甲师和第 5 党卫军"维京"装甲掷弹兵师，有坦克约 150 辆。由于相信苏军已经投入了他们所有的预备队，曼施坦因认为第 24 装甲军这支生力军的投入战场将使德军最终赢得胜利。

对于曼施坦因的乐观态度，克卢格简直不敢相信自己的耳朵。他直言不讳地表示："中央集团军群不可能参与任何继续进攻的计划。"

克卢格继续解释道："因为苏军目前的攻势正在顺利进行，而一旦苏军攻克了奥勒尔突出部，那么，整个第 9 集团军就会陷入重围。"

"那将是第二个斯大林格勒，"克卢格提高了声音，"因而，中央集团军群的首要任务是如何把德军撤出来，任何进攻都不在考虑之内。"

不过，曼施坦因的建议还是在一定

▲ 库尔斯克战场上疲惫的党卫军装甲部队士兵。

程度上对希特勒产生了影响。

最后，虽然希特勒决定"堡垒"行动将被中止，但还是提出了一个折中的方法：首先他拒绝在两翼都受到威胁的情况下，把最后的一支预备队第29装甲军投入战场。不过，他同意曼施坦因仍可以在库尔斯克南部继续他的攻势，以摧毁尽可能多的苏军部队，阻止苏军在1943年发起夏季攻势的任何可能。

对于中央集团军群的形势，他下令由莫德尔指挥第9集团军和第2装甲集团军，在奥廖尔附近阻止苏军的攻势，并恢复原来的战线。

希特勒做出的这个决定很大程度是基于他对曼施坦因的信任，毕竟在以前曼施坦因还没有让他失望过。他这个可以称为"拖泥带水"的决定显然是希望曼施坦因这次能消灭苏军最后的一批预备队，那么德军的攻势虽不免失败，但至少也要使苏军在短时期内无力进攻，从而使德军能把其战略预备队用于其他方向。

然而，很快，希特勒就发现了他的决心是不可能实现的。

本来，希特勒同意曼施坦因继续进攻，是觉得曼施坦因不会空手而归。而曼施坦因也有

自己的想法，如果他进攻得手的话，希特勒将不会强行把他的部队调走。

为此，曼施坦因非常重视这次进攻行动。在开展攻势之前，曼施坦因想尽一切办法尽可能地补充担任主攻任务的第 2 党卫装甲军的损失。经过努力，第 2 党卫装甲军在 13 日的装甲兵力达到 187 辆坦克和 64 门强击火炮，其中，"阿道夫·希特勒"师 50 辆坦克和 20 门强击火炮、"帝国"师 83 辆坦克和 24 门强击火炮，"骷髅"师 54 辆坦克和 20 门强击火炮。

曼施坦因将德军攻势的重点放在其右翼，第 2 党卫装甲军将继续向普罗霍罗夫卡前进，同时"肯夫兵团"将尽全力向第 2 党卫装甲军靠拢。

曼施坦因希望借此能够实现以下 3 个目标：一是合围并歼灭在第 2 党卫装甲军和"肯夫兵团"之间的第 69 集团军主力；二是摧毁在德军正面的苏联第 5 近卫坦克集团军；三是如果可能的话，占领普罗霍罗夫卡。

于是，自 13 日起，整个前线展开了激战。

在德军的左翼，德军第 48 装甲军反复攻击苏联第 1 坦克集团军的防线，但始终未能达成突破，而且，德军损失惨重。担任主攻的"大德意志"师在进攻发起前，共有包括 204 辆

◀ 神情沮丧的德国兵正在路边休息。

▶ 草原方面军司令员科涅夫（右）与朱可夫研究战事进展情况。

▲ 苏联士兵在装甲车的掩护下发起进攻。

"豹"式坦克在内的 326 辆坦克和 34 门强击火炮，经过 10 天的激战后，只剩下了 91 辆坦克，其"豹"式坦克更是只剩下了 43 辆，强击火炮也只有 25 门了。

在德军疯狂的进攻面前，苏联第 1 坦克集团军由于被分割使用也受到重大损失。到 7 月 16 日，第 1 坦克集团军的坦克数量下降到不足 300 辆。尽管如此，卡图克夫还是完成了任务，阻止了德军在苏军右翼形成任何突破。

在苏军战线中央，第 5 近卫坦克集团军司令罗特米斯特罗夫把第 18 和第 19 坦克军部署在第 2 党卫装甲军向普罗霍罗夫卡进攻的路线上，第 5 近卫机械化军被一分为二，一半被部署在两个坦克军的后面，另一半被部署在第 69 集团军的后方，以阻止"肯夫兵团"的前进。而第 5 近卫集团军则被部署在普罗霍罗夫卡西北方，以防止德军再一次转向奥博扬公路。

从 13 日到 15 日，德第 2 党卫装甲军反复向普罗霍罗夫卡发动攻击，但每一次攻击都被顽强防御的苏军瓦解，同时苏军不断以小部队发动反冲锋，使得第 2 党卫装甲军在 3 天里只获得了微小的进展。

在苏军左翼，德国"肯夫兵团"的进攻给苏军造成了越来越大的压力，14 日，苏军作出了把有被合围危险的第 69 集团军所属部队撤到下一道防线的决定。在接下来的两天里，第 2

近卫坦克军在第 5 近卫机械化军部分部队的支援下，极有技巧地进行了掩护退却的战斗，使第 69 集团军的部队安全地撤走了。

到 16 日，"肯夫兵团"终于和第 2 党卫装甲军连成了一条连续的战线，但曼施坦因的目标一个也没有实现，德军未能消灭苏第 69 集团军，没能摧毁第 5 近卫坦克集团军，也没有占领普罗霍罗夫卡。

仗打到这个份儿上，由于曼施坦因的攻击未能达到目的，也由于库尔斯克北部和意大利的局势日益恶化，希特勒的耐心终于到了极点。7 月 17 日，他下令将第 2 党卫装甲军撤出战斗，准备调往意大利。18 日，"大德意志"师也奉命调往中央集团军群，去支援克卢格的"中央"集团军群。在这种情况下，德军无法守住在库尔斯克突出部已经占领的地区。

7 月 23 日，曼施坦因的军队顶着苏军的猛烈攻击，边战边逐渐退到突出部南面的初始阵地。

而在德军兵力准备调离库尔斯克南部的同时，苏军的增援却源源不断地赶到了，草原方面军的第 27 和 53 集团军抵达，同时到达的还有第 4 近卫坦克军和第 1 机械化军，这使得苏军在库尔斯克南部增加了约 400 辆坦克和自行火炮。由此可见，曼施坦因关于苏军预备队损失殆尽的判断大错特错了！

在 7 月 5 日～23 日，库尔斯克南部的战斗中，苏军共损失了 14,395 人。而相对于德军 54,000 名人员伤亡和 900 辆突击战车的重大损失而言，"堡垒"行动只是暂时地占领了一些无关紧要的土地，没有任何作战或战略上的价值，而且它的失败使东线的战略主动权无可挽回地落到了苏军手中。

这一点，在第 2 天斯大林的表彰信中有详细记录：

最高统帅给大将罗科索夫斯基同志、大将瓦杜丁同志、上将波波夫同志的命令：

昨天，7 月 23 日，我军的胜利行动彻底粉碎了德军 7 月从奥廖尔以南地域和别尔哥罗德以北地域向库尔斯克方面的进攻。

从 7 月 5 日清晨起，德国法西斯军队以大量的坦克和步兵，在大批飞机的支援下，在奥廖尔、库尔斯克和别尔哥罗德、库尔斯克两个方向上转入了进攻。

德军把集中在奥廖尔和别尔哥罗德两个地域的主力都投入了向我军的进攻。

现已查明，德军统帅部投入战斗的兵力：在奥廖尔、库尔斯克方向上为 7 个坦克师、2 个摩托化师和 11 个步兵师，在别尔哥罗德、库尔斯克方向上为 10 个坦克师、1 个摩托化师和 7 个步兵师。

因此，敌方参加这次进攻的总共有德军 17 个坦克师、3 个摩托化师和 18 个步兵师。

德军统帅部将这些兵力集中在两个狭窄的地段上，企图从北面和南面同时向库尔斯克实施向心突击，突破我军防御，围歼我配置在库尔斯克突出部弧形地带上的军队。

德军这次新的进攻并没有使我军措手不及。我军不仅作好了击退德军进攻的准备，而且作好了对敌人实施强大的反突击的准备。

敌人以有生力量和技术兵器的巨大损失为代价，才得以在奥廖尔、库尔斯克方向上楔入我军防御9公里，在别尔哥罗德、库尔斯克方向上楔入15～35公里。在激烈的战斗中，我军消耗和疲惫了德军的精锐师，并随即进行了坚决的反突击，不仅击退了敌人，完全恢复了7月5日以前我军的态势，而且突破了敌人的防御，向奥廖尔方面前进了15～25公里。

这次粉碎德军进攻的战斗，显示了我军高度的战斗素养，显示了各兵种战士、指挥员（包括炮兵和迫击炮手、坦克兵和飞行员）最典范的顽强、坚韧和英勇精神。

这样，德军夏季进攻计划应该说是完全破产了。

从而所谓德军夏季进攻总是胜利，而苏军似乎不得不退却的神话也就被揭穿了。

在这次粉碎德军进攻的战斗中，战功卓著的部队有：普霍夫中将、加拉宁中将、罗定坦

▼ 苏军一支炮兵部队经过被击毁的德军坦克。

克兵中将、罗曼年科中将、科耳帕克奇中将、契斯佳科夫中将、卡土科夫坦克兵中将、罗特米斯特罗夫坦克兵中将、扎多夫中将、舒米洛夫中将、克留钦金中将所指挥的部队，以及郭洛万诺夫空军上将、克拉索夫斯基空军中将、鲁登科空军中将、纳乌缅科空军中将所指挥的航空兵团飞行员。

在 7 月 5 日至 23 日的战斗期间，敌人的损失如下：被击毙官兵 7 万余人，被毁伤坦克 2,900 百辆、自行火炮 195 门、野战炮 844 门，被击毁飞机 1,392 架、汽车 5,000 余辆。

祝贺你们和你们所指挥的部队胜利地完成了粉碎德军夏季进攻的任务。

我嘉奖你们所指挥的部队的全体战士、指挥员和政治工作人员的出色的战斗行动。

在争取我们祖国的自由和荣誉的斗争中牺牲的英雄们永垂不朽。

最高统帅苏联元帅　约·斯大林

1943 年 7 月 24 日

事实上，如果说 1941 ~ 1945 年的东线战役有转折点的话，那么"堡垒"行动的失败——而不是在斯大林格勒的失败——则代表了这样的关键时刻。

古德里安小心节省的装甲资源在对有充分准备的、强大的敌人进攻中被浪费掉了。德军此刻面对着比任何时候都要强大的敌人，他们在东线上的总兵力只剩下不过 300 万人，2,400 辆突击战车，以及轴心国的 19 万名士兵，而红军则拥有 5,807 万人的军队和 7,900 辆坦克。

No.3 墨索里尼下台

这个时候，更令希特勒头疼的事情发生了。

1943 年 7 月 17 日，盟军进攻西西里岛的战役正在激烈地进行着，隔着那条窄窄的海峡，意大利西南沿海的居民甚至能够听到对岸密集的枪炮声。虽然此刻的意大利首都罗马，在盛夏阳光的直射下，街道上的人很少，显得相对平静。但很快，这种平静就被一阵飞机的轰鸣打断了。随即，空中飘落下来雪片一样的传单。

传单是这样写的：

目前，美英联合武装部队，在艾森豪威尔将军和他的副司令亚历山大将军的指挥下，正把战争深深地推进到你们的国土。这是墨索里尼及其法西斯政权，迫使你们接受的那种可耻

◀ 墨索里尼到德国向希特勒寻求空中支持。

▶ 德军凯塞林元帅（左二）正在和两名德国飞行员谈话。

的领导所带来的直接后果。墨索里尼引导你们作为一个残杀各国人民并摧毁人们自由的野蛮国家的仆从，参加了这场战争。尽管意大利容易遭受来自空中和海上的袭击，你们的法西斯领袖却仍然把你们的子弟、你们的船只、你们的空军派往遥远的战场，帮助德国去实现它想要征服英国、苏联和全世界的企图。

这种与纳粹德国的阴谋勾结、同意大利在自由与文化方面的悠久传统，也就是同英、美两国人民与之有极其深厚的渊源关系的那些传统，是极不相称的。你们的士兵，不是为了意大利的利益，而是为了纳粹德国在作战。他们进行了英勇的战斗，但是他们在苏联前线以及在从阿拉曼到邦角的非洲各个战场上，都被德国人出卖和遗弃了。

今天，德国企图征服世界的希望，在各个战场上都已经被粉碎了。意大利的天空已在美国和英国庞大的空中机群的控制下。意大利的海岸受到了英国和盟国集中在地中海的前所未有的最大海军力量的威胁。现在，你们所对抗的力量誓死要摧毁纳粹德国的势力……

为意大利谋取生存的唯一希望，在于对盟国的武装部队的不可抗拒的威力，实行体面的投降。如果你们继续容忍为纳粹党的邪恶势力服务的法西斯政权，你们势必要承担你们自己

的选择所带来的痛苦后果。

我们并不乐意攻入意大利的领土，使意大利人民经受战争毁灭的悲剧；但是，我们坚决要摧毁那些虚伪的领袖和他们的那种使意大利沦落到如此处境的主义。你们抵抗盟国的联合部队的每一分钟、你们流的每一滴血——只能达到这样一个目的：给法西斯与纳粹领袖更多一点时间，让他们逃脱他们自己犯下的罪行所造成的不可避免的后果。你们的一切利益，你们的一切传统，都被德国和你们自己的虚伪而又腐化的领袖们背弃了；只有推翻上述两者以后，一个重新建立的意大利，才能在欧洲国家的大家庭中得到受人尊敬的地位。

现在，由你们意大利人民考虑你们自己的自尊，你们自己的利益以及你们自己要求恢复国家的尊严、安全与和平的愿望的时刻，已经来到了。现在这个时刻要求你们决定：意大利人究竟是要为墨索里尼和希特勒卖命，还是为意大利和文明求生！

传单最后的署名是美国总统罗斯福和英国首相丘吉尔。与此同时，在意大利的许多其他城市，也出现了相同内容的传单。这些传单好像给了已经在摇摇欲坠的意大利政府一记重拳，

▲ 兴高采烈的意大利人通过游行来庆祝墨索里尼的倒台。

在意大利引起了极大的震动。墨索里尼犹如坐在火山上，朝不保夕。

当时的意大利，在盟军接二连三军事胜利的震慑下，举国上下笼罩在失败的阴影中。其军队更是兵员缺乏，士气低落。除了在意大利国内担任防御的 47 个师外，在苏、德战场上作战的意大利第 8 集团军只剩下了 8 万人。在法国和巴尔干担任占领任务的意军，在当地游击队的打击下，也已经穷困潦倒，不能自拔。

7 月 19 日，在参谋长安布罗西奥的陪同下，墨索里尼乘飞机前往里米尼附近的费尔特雷，向希特勒求援。

本来，墨索里尼是想向希特勒说明，意大利准备与盟军缔结停战协议。但是，在会谈时，希特勒并没有给墨索里尼开口的机会，而是提出鉴于当前形势对轴心国十分不利，为了扭转被动局面，所有的意大利军队应该在墨索里尼的统率下由德国将领指挥。这实质上是要对意大利实行全面的军事控制。对此，墨索里尼竟噤若寒蝉，不敢反驳，至于有关意大利停战之事，早已吓得不敢再提了。

意大利国内对墨索里尼的不满终于爆发了，一个倒墨集团形成了。

7 月 24 日，自意大利参加"二战"以来，被墨索里尼勒令停止活动的法西斯大议会，在一些法西斯党元老的强烈要求下召开了。25日凌晨4时，左右双方的投票结果使墨索里尼被迫下台。下午5时，墨索里尼在萨沃亚宫拜见国王时被软禁起来。当天晚上，意大利对全世界广播，将由前三军参谋长巴多格里奥元帅负责组织一个包括军事首脑和文官在内的新内阁，巴多格里奥即日起出任政府内阁总理。

这样，统治意大利长达20多年的法西斯头子墨索里尼终于被赶下了台。两天之后，墨索里尼被拘押在蓬察岛上。

本来，希特勒觉得自己的那位法西斯盟友能够控制局势，至少也要再拖一段时间才能垮台，然而……

希特勒对此愤愤不平，怒不可遏。墨索里尼这位与他休戚相关的领袖竟被废黜了，连一点面子也不留，这使他感到鲠骨在喉。

在墨索里尼被推翻的一个星期之内，希特勒头脑中有两个截然不同的想法：一个是派兵占领罗马，恢复那位受委屈的独裁者的权力；另一种想法则完全相反，希特勒甚至一度想放弃西西里。确实，没有墨索里尼，巴多格里奥的背叛将使意大利一千多公里的海岸线随时被敌人占领，这样的话，希特勒是保不住意大利大陆的。

经过几天的思考，希特勒终于下定了决心。他要解救那位被废弃的法西斯独裁者，而且要向意大利提供军事援助。

7月25日，希特勒连夜召集纳粹头目开会，决定采取一切措施营救墨索里尼，占领罗马，并尽一切可能支援已经垮台的意大利法西斯政府。当然，如果巴多格里奥政府与盟国签订了停战条约，德军必须执行新的计划——夺取意大利的舰队，占领意大利的全国要塞，并威慑意大利在巴尔干半岛和爱琴海的驻军。

然而，要达到威慑的目的，德军必须占领意、德边境和意、法边境的阿尔卑斯山的所有山口，这需要大量的兵力。在预备兵力告罄的情况下，除了拆东墙补西墙，希特勒已别无选择。希特勒命令从法国和德国南部迅速集结了大约8个德国师，编成B集团军群，由精悍的

▼ 希特勒与其盟友墨索里尼握手。

"沙漠之狐"隆美尔元帅指挥，占领罗马以南的意大利国土。此外，为了加强摇摆不定的意大利盟友的抵抗，他同时命令从曼施坦因的南方集团军群中调出 3 个党卫军装甲师，因为这些党卫军装甲师和法西斯主义在政治血缘关系上最为密切。而为了补充曼施坦因的部队，他打算把德军从奥尔勒的突出部收缩回来。

对于东线局势，希特勒似乎顾不过来了。

"在事件发展过程中，显然我们不得不沿着某地退回去，"他用手拍着地图说，"这是十分明白的事情。"

相比之下，解救墨索里尼的工作要简单得多。

希姆莱在德国空军和陆军特工人员中挑选了一批人，组成了一支突击队，用以抢回即将被巴多格里奥政府引渡给盟军的墨索里尼。

9 月 21 日，这支突击队乘 12 架滑翔机从罗马飞抵意大利中部的阿布鲁齐高山，当时墨索里尼正被囚禁在这座山上的一个旅馆里。德军突击队员的突然出现，使看守人员惊恐万状，不知所措。很快，德国的突击队只用了几分钟的时间，就把那个高级囚犯劫走了。之后，希特勒便在罗马设立了墨索里尼傀儡政权，意大利人不得不在战争中继续遭受灾难。

7 月 26 日，希特勒再次将克卢格召回"狼穴"大本营，对克卢格宣布了这一决定。

克卢格被惊呆了。

"我的元首，我不得不指出，在目前这种时刻，我们什么也不能让出来。目前这样做十分不妥！"

克卢格表示，只有当他的集团军群退到新的"哈根"防线上，他才有可能给第聂伯河沿岸提供一些支援。而为了稳定东部战线，他的部队在 9 月份之前是不能动的。

由于担心巴多格里奥在那以前已经反叛了，所以希特勒听不进去任何劝告。

"要到 9 月份，绝对不行！我的陆军元帅！"希特勒反驳说。

接着，希特勒又气愤地评论说："那边的猪猡两天才能掘出一条防御线，而我们竟然还不能把他们撵走！"

事已至此，克卢格知道说什么已经没有用了。在转身离开希特勒办公室时，他似乎听见德军失败的丧钟已经敲响。

▲ 苏军炮兵在"库图佐夫"反攻行动中向德军目标射击。

第八章

苏军发动反攻

    7月12日，苏军发动了旨在夺取奥廖尔登陆场、摧毁德军第2装甲集团军的"库图佐夫"反攻行动。在这次行动中，苏联投入了5个方面军。经过37天的激战，莫斯科鸣响了庆功的礼炮。奥廖尔登陆场被戈培尔比做是刺向苏联心脏的匕首，在苏军毁灭性的打击下，这把匕首被击落了……

No.1 血战开始了

　　早在 1943 年 5 月中旬，苏军就已经制订了反攻计划。几经修改后，苏联最高统帅部决定，一旦德军在库尔斯克的进攻被阻止，苏军将以西方方面军的左翼部队、布良斯克方面军和中央方面军在库尔斯克北部发动进攻。这次进攻的目的是收复库尔斯克北部德军占领的奥廖尔登陆场，摧毁德军第 2 装甲集团军，然后以中央方面军从正面，西方方面军和布良斯克方面军从北面两个方向夹击德第 9 集团军，这次攻势的代号为"库图佐夫"。

　　7 月中旬，苏军统帅部面临一个复杂的问题，就是确定反攻的时机。此时，德国统帅部还沉浸在错觉之中，认为苏军已经遭到重大损失，其战斗能力被消耗殆尽，预备队也悉数用尽。

　　7 月 10 日，当德军在库尔斯克北部的攻势于次日被阻止后，苏军统帅部就决定于 12 日发动"库图佐夫"战役。

　　库图佐夫是苏联著名的军事将领。他出身将门，作战勇敢、指挥有方。1774 年在俄土战争中负伤，失去右眼，被尊称为"独眼将军"。这位"独眼将军"在 1805 年俄、奥、英等国结成第三次反法联盟后，率苏军主力前往奥地利，迎击拿破仑统率的法军。鉴于奥军在乌尔姆被歼，指挥苏军主力后撤 400 公里，从而保存了实力。之后，在 1806 ~ 1812 年俄土战争的鲁什丘克之战中，以少胜多，击败土军主力，迫使土耳其签订和约。1812 的法俄战争中，面对占据优势的法军实施了正确的战略撤退，在人民群众的支持下开展了游击活动，并适时转入战略反攻。

　　对这位知识渊博、驰骋沙场 50 余年的老将军，苏联人民非常尊重，苏联的军事理论也从中汲取了许多斗争经验。特别是库图佐夫的"避免不利作战，保存实力；疲惫和消耗敌有生力量，不失时机地实施战略反攻"的防御理论，更是为各国军事家所称道。

　　这也许就是将这次反攻战役取名为"库图佐夫"战役的主要原因。

　　按照计划，战役将由没有参加抗击德军强攻战斗的西方方面军左翼部队和布良斯克方面军首先发起进攻。到 7 月 15 日，中央方面军的第 70、13 和 48 集团军也将加入攻击。它们将攻击奥廖尔登陆场的南端，然后与从北往南进攻的第 11 近卫集团军汇合。从而切断整个在奥廖尔突出部内的德军。之后，沃罗涅日方面军和草原方面军将联合对别尔哥罗德——哈尔科夫方向发动进攻。

　　可以说，"库图佐夫"反攻行动表明，苏德战场战事的规模越来越大。仅苏联一方，参战的方面军就有 5 个。

　　其实，从 1943 年 4 月起，苏联西方方面军和布良斯克方面军就开始准备对奥廖尔登陆场的进攻。

其中，西方方面军将投入其左翼的第 11 近卫集团军和第 50 集团军。另外，方面军所属的第 1 坦克军（184 辆坦克和自行火炮）和第 5 坦克军（184 辆坦克和自行火炮）也被配属于第 11 近卫集团军。这使得该方面军的兵力达到 211,458 人、745 辆坦克和自行火炮、4,285 门大炮和迫击炮。计划中，第 11 近卫集团军将作为进攻主力，打击在奥廖尔登陆场的北部。在西方方面军二线，苏军还部署了最高统帅部的预备队，第 11 集团军（65,000 人和 30 辆坦克）和第 4 坦克集团军（652 辆坦克和自行火炮），随时准备用于扩大战果。

布良斯克方面军则将在奥廖尔登陆场的东部，对德军发动正面攻势。布良斯克方面军将用第 3 和 63 集团军发动主攻，其北面第 61 集团军也将同时发动牵制性

▲ 苏军在战壕中准备进攻。

攻击。而方面军预备队中的第 1 近卫坦克军（207 辆坦克和自行火炮）和第 20 坦克军（184 辆坦克和自行火炮）将支援苏军的突破。此外，在布良斯克方面军的后方，还有新组建的第 3 近卫坦克集团军，它的司令是苏联著名的坦克专家雷巴尔科，该集团军拥有 731 辆坦克和自行火炮。

当时，在奥廖尔登陆场进行防御的德军有 37 个师，主要包括德军第 2 装甲集团军的第 55 军（第 321、339、110、296、134 步兵师）、第 53 军（第 211、293、208、112 步兵师和第 25 装甲掷弹兵师）和第 35 军（第 34、56、262、299 和 36 步兵师），以及集团军预备队的第 5（102 辆坦克）和第 8（101 辆坦克）两个装甲师，以及负责后方警卫任务的第 305 和 707 警卫师，共有 160,000 人和 325 辆坦克和自行火炮。

尽管德军在兵力上居于劣势，但他们已构筑广泛而坚固的野战工事，并以工程障碍物和雷场进行掩护。同时，德军第 9 集团军距离不远，只要第 2 装甲集团军能抵挡住苏军的最初攻势，增援部队就能很快赶到。

　　而且，苏军的进攻准备没能完全瞒过德军。防守奥廖尔登陆场南部的德第35军军长伦德里克少将准确地判断出了苏军第3和63集团军的进攻路线，于是，他将他的24个步兵营中的6个，42个炮兵连中的18个，48门88毫米高射炮中的24门部署在苏军的进攻地段上。

　　不过，转入反攻的苏军在兵力上占有绝对优势：兵力一倍于敌，火炮和迫击炮两倍于敌，坦克一倍以上，航空兵约三倍以上。

　　也就在这个时候，第2装甲集团军司令施密特中将因涉嫌反希特勒的行动于7月10日被捕，莫德尔将军奉命临时代理第2装甲集团军司令，这个变动在最后一刻给德军的指挥系统带来了混乱，也正是在这种情况下，德军迎来了苏军的反攻。

　　在苏军发起反击之前，应最高统帅的要求，朱可夫赶到沃罗涅日方面军指挥所，与草原方面军司令科涅夫等人一起商讨在库尔斯克突出部北部对德军发动反击的事宜。

　　在了解了敌情和苏军的行动之后，朱可夫等高级将领一致决定要开展坚决的反突击，夺回被德军占据的别尔哥罗德防线。

◀1943年8月4日，在马克西姆机关枪的掩护下，苏军步兵向德军装甲车发起攻击。

▶ 苏军士兵冒着德军的炮火进攻。

于是，血战开始了。

战斗开始前夜，苏军远程航空兵和夜间轰炸航空兵在两个方向上进行了长时间、大规模的航空突袭，对德军火炮阵地、防御支撑点和兵力集结地域彻夜猛轰，炸得德军晕头转向。其中在东线出动了600多架次，投弹550吨。12日晨，各路航空兵又以猛烈的直接火力和施放烟幕掩护陆军发起了地面冲击。北线，强击航空兵也连续出动，为进攻部队清障开道。

发起进攻1小时后，德军轰炸机群飞临战场上空，企图对苏军部队实施突击。早在空中和机场待战的近卫歼击航空兵第1军的歼击机立即迎击，它们以猛烈的攻击将德轰炸机队形打乱，使其无法对苏军部队进行瞄准轰炸。

当日，苏军航空兵共出动飞机2,174架次，空战72次，消灭德机86架，自己则损失59架。与苏军飞行员共同作战的还有"自由法国"志愿飞行员组成的"诺曼底"大队，他们由戴高乐将军派遣，于1943年5月到达前线，编入空军第1集团军。他们在同德机的格斗中表现尤为英勇，到7月底，已击落敌机30余架。

7月12日6时05分，苏西方方面军和布良斯克方面军的一线部队开始了进攻。

在奥廖尔登陆场北部，巴格拉米扬将军的第11近卫集团军以6个近卫步兵师的兵力向德军第211和293步兵师防守的地段发起了进攻，在这16公里长的防线上，苏军取得了迅速的突破，德军两个步兵团被击溃。到12日下午，巴格拉米扬又投入了他的二线步兵师扩大突破口，同时，第1和第5坦克军也向前运动，准备进入突破口。

这个时候，德军第5坦克军及时投入了战斗，它的反击减缓了苏军前进的速度。然而，傍晚时分，苏联第5坦克军进入了突破口，并迅速突进德军防线10公里。在德军顽强的反抗下，第5坦克军的反击没有突破德军的第二条防线。

13日晨，苏联第50集团军在第11近卫集团军右翼投入战斗。当天下午14时30分，巴格拉米扬将军把第1坦克军投入战场，两个坦克军合力击破了德军第二条防线。到13日夜晚时，苏军在德军防线中形成了一个深15公里、宽23公里的突破口。

很显然，在奥廖尔北部的德军已经无力独自阻止苏军的前进，除非援军迅速赶到，否则无法避免一场灭顶之灾。

然而，在奥廖尔登陆场东部，苏军的反击进行得并不怎么顺利。

将军德伦德里克精心布置的防御措施起到了极大效果。苏军第3和63集团军以6个步兵师对德第56和262步兵师的进攻几乎是一场灾难。在德军的阵地前，苏军损失惨重。经过一天的激战，尽管苏军突破了德军的第一条防线，但付出了极大代价。60辆支援步兵进攻的KV－1重型坦克被摧毁在德军阵地前，而德军只损失了3门88毫米反坦克炮。

▲ 德军损失惨重，士兵已无心恋战。

▲ 头部受伤的苏军指挥员仍在前线指挥战斗。

12 日晚，为了进一步迟滞苏军前进的脚步，伦德里克把他的预备队第 36 步兵师投入战场。同时，德军的第一批援兵——第 8 和第 2 装甲师也正在加速赶来。

13 日，苏军把第二线步兵师投入战场。此外，第 1 近卫坦克师也于中午时分投入突破口。尽管如此，在德军顽强的抵抗下，苏军的突破速度仍然很慢，这给德军调动部队争取了时间。

而伦德里克因他的出色表现，被提升为第 2 装甲集团军司令。

莫德尔很清楚，一旦苏军的攻势获得成功会带来灾难性的后果。他的反应非常快，在苏军发动攻势仅几个小时，就从第 9 集团军中抽调了 4 个师去支援第 2 装甲集团军。这样，第 9 集团军的第 2 装甲师和第 2 装甲集团军的第 8 装甲师在 13 日晚，到达伦德里克的第 35 军地段上，同时，第 12、18 和 20 装甲师则迅速向第 11 近卫集团军前进方向集结。

这个时候，苏联第 61 集团军也以第 12、76 和 77 近卫步兵师向德第 53 军第 208 和 34 步兵师的防线发起进攻。13 日，第 20 坦克军也被投入战斗，但在得到增援的德军的抗击下，苏军只获得微小进展。

在这种情况下，布良斯克方面军司令波波夫将军向最高统帅部要求，把第 3 近卫坦克集团军投入战斗。

13 日晚，最高统帅部同意了他的要求。但第 3 近卫坦克集团军要花 2 天时间才能赶到前线，在这段时间里，尽管第 3 和 63 集团军反复攻击德军防线，但他们只能缓慢向前推进，而无法形成突破。而与此同时，德国援军源源不断地赶到了。

第3近卫坦克集团军的司令雷巴尔科将军决心不从第3和第63集团军进攻方向突破，而另选突破口，他希望这将出乎德军意料，以此弥补他缺乏炮兵和工兵的弱点。

19日10点30分，他的第12和15坦克军开始了攻击，这次攻击迎头撞上了德第2和第8装甲师，但苏军在空军的支援下到19日晚前进了12公里。之后，德第8装甲师的一次反攻，阻止了第15坦克军，但第12坦克军仍继续向前突破，20日，雷巴尔科投入了他的预备队——第2机械化军，企图强渡奥卡河并切断通往奥廖尔的铁路。但是，由于德军的抵抗和缺乏工兵的支援，苏军的强渡没有成功。

21日3时，波波夫下令第3近卫坦克集团军以第15坦克军和第2机械化军从奥廖尔东北部，第12坦克军从南部向奥廖尔发动攻击，到25日苏军终于得以切断了奥廖尔－库尔斯克铁路，但德军的抵抗越来越强了。在接下来的几天里，雷巴尔科反复攻击德军，企图找出德军防线上的弱点，但事实证明这样的弱点并不存在，于是第3近卫坦克集团军的进攻最终成为一场代价高昂的正面苦战。

奉希特勒之命同时指挥第9和第2装甲集团军的莫德尔此时感到了莫大的压力。尽管他准确地判断了主要威胁，并在能力所及范围内组织了反击。但由于兵力相差悬殊，加上失去了制空权，虽然尽了最大努力，莫德尔也只能做到延缓苏军的攻势。

7月15日，苏联中央方面军也加入攻势。此时，莫德尔意识到失去奥廖尔登陆场只是个时间问题了。

16日，莫德尔便向希特勒请求，允许部队撤往"哈根"防线。

但是，希特勒却于20日下令禁止第9集团军和第2装甲集团军进一步后撤。苦苦支撑的莫德尔只好与克卢格一起，再次向希特勒请求，希望允许他们进行"弹性防御"。

到21日，苏第11集团军进入第11近卫集团军和50集团军之间的进攻位置，在这种情况下，希特勒于22日同意了莫德尔的请求。

于是，由于苏军第1坦克集团军、第6和第7近卫集团军极度疲惫，7月23日，德军得以撤回到"堡垒"计划进攻时发起的防御阵地——别尔哥罗德防线。

No.2 周密的战前准备

7月23日，紧紧追赶德军的沃罗涅日和草原方面军也挺进到德军的防御前沿。

然而，苏军并没有立即转入反攻，而是开始了重大反攻之前周密准确的准备。

确实，经过十多天血战的部队需要休整和补充。

从 7 月 12 日开始，血战就在苏联方面军的所有地段上进行着，数百辆坦克和自行火炮在燃烧，战场上空弥漫着经久不散的硝烟，战斗进行得非常惨烈。

每前进一公里，苏军都要做出巨大的努力，并且要付出惨重的牺牲。罗科索夫斯基在对这些日子的回忆中写道：

中央方面军右翼曾在前几天的激烈防御战斗中受到很大削弱，敌人善于利用工事良好的地区进行顽抗。我军转入反攻时进展缓慢，简直是要一道道阵地地钻过去……

对此，朱可夫元帅是这样回忆的：

我们亲眼目睹了"共青团员"国营农场和伊万诺夫新村地区的坦克第 29 和 18 军的激烈战斗。敌人在此进行了猛烈的火力抵抗，甚至还转入反冲锋。7 月 18 日这天，罗特米斯特罗和扎多夫两个集团军总共只将敌人打退 4 ~ 5 公里，而奇斯佳科夫集团军的部队也已经极度疲劳。他们从 7 月 4 日起就不曾睡觉、休息。

▼苏军转入全面大反攻。

在这种情况下，朱可夫认为，不应该立即转入反攻。

在是否立即发动反攻方面，朱可夫与最高统帅发生了分歧。

朱可夫和华西列夫斯基下了很大的工夫向斯大林说明，只有全面做好准备、在物质上得到保障时才能发起进攻。否则，如果没有必需的周密准备和全面保障，就有可能遭受失败。因为一次计划严谨、准备完善的进攻战役，不仅要有能顺利突破敌人防御的战术和战役纵深，而且还应该为随后的进攻创造有利的条件。

而因为需要补充燃料和弹药储备及其他物质技术装备，组织各兵种协同行动、周密侦察，部队部署做某些变更，尤其是炮兵和坦克等原因，根据计算，发起进攻至少需要八个昼夜的准备时间。

斯大林终于同意了朱可夫的计划，苏军停止前进并开始了周密的准备。

在进攻之前，沃罗涅日和草原方面军必须做到：变更兵力和兵器的部署；为航空兵和炮兵进攻进行周密的目标侦察；补充遭受伤亡的部队，这对于第6和第7近卫集团军、第1坦克集团军及不少炮兵部队尤为重要；补充储备燃料、弹药和实施重大进攻战役必需的一切物资。

此外，草原方面军还必须制订详细的反攻计划并对其进行全面保障。

对于别尔哥罗德反攻，朱可夫和华西列夫斯基是这样考虑的：

沃罗涅日方面军以第5和第6近卫集团军、第5近卫坦克集团军和第1坦克集团军的兵力向瓦卢伊基和新沃多拉加方向发动主要突击。第5和第6近卫集团军突破地段上的炮兵密度要达到每公里正面230门火炮和迫击炮，70辆坦克。突破兵器如此大量集中是因为计划使两个坦克集团军在反攻的第一天就进入突破口。

草原方面军由第53、69和第7近卫集团军及机械化第1军组成，其主要任务是攻克别尔哥罗德，进而协同沃罗涅日方面军主力进攻哈尔科夫。

当苏军为即将发起的别尔哥罗德反攻精心准备时，德军却陷入了绝望之中。

首先，在前一段时间的战斗中，德军消耗了大量的战斗物资。7月22日，德军最高统帅部作战日志中记载道：

由于东线战事的发展，燃料的消耗超过了东线的月定额，为"堡垒"战役储备的物资，将在最近几天内耗尽。

更让人感到前景阴暗的是，7月26日，希特勒在大本营会议上，要求从中央集团军群抽调几个师投入意大利战场。尽管这个要求遭到克卢格的强烈反对，但还是无济于事。也就是在这次会议上，希特勒已经谈到在尽可能短的期限内放弃整个奥廖尔和撤退至"哈根"阵地的问题。

在苏军力量不断加强的压力下，克卢格发现，即使竭尽全力，也无法保障部队有计划地成功撤退。

7月31日，克卢格悲观地写道：

▲ 罗科索夫斯基在前线指挥战斗。

鉴于部队的战斗力大大下降，人员过于疲劳，集团军群司令部十分清楚地认识到，打算原定在撤退时对敌人尽可能实施更多突击的打算，现在是难以实现了。目前的问题在于尽快放弃奥廖尔登陆场。但是，又不能把撤退加快到超过规定的速度，主要是因为撤退速度加快，部队就将不得不占领完全没有准备的阵地。

这时，为了使从东面进攻奥廖尔的部队更加密切协同，苏军最高统帅部从西方方面军抽出第11近卫集团军、第11集团军、第4坦克集团军和近卫骑兵第2军交给布良斯克方面军指挥。

这个决定不仅有助于顺利地继续对德军奥廖尔集团实施进攻，而且使西方方面军能够集中精力去完成击溃斯摩棱斯克方向敌军的任务。

万事俱备，只欠东风，经过充分准备的苏军即将向德军发起强大的进攻。

No.3 争夺奥廖尔

8月初，在库尔斯克突出部最重要的铁路枢纽之一、敌方强大的支撑点奥廖尔的近郊，苏德双方展开了激战。

◀ 进攻奥廖尔的战斗打响前，苏军女战士正在休息。

　　布良斯克方面军把敌人压到奥廖尔以东和以北，中央方面军右翼各兵团则从南面向奥廖尔推进。最高统帅部大本营给中央方面军司令员的任务是：使用各坦克集团军向克罗梅总方向实施突击，尔后从西面迂回奥廖尔，以配合布良斯克方面军击溃奥廖尔集团并占领奥廖尔。

　　与苏军相比，法西斯德军的处境日益恶化。特别是德军指挥部已经没有预备队可以使用了。即便是在缩短战线时将个别的师留作预备队，但为时不长，随后又不得不重新把它们投入战斗。

　　在仓皇撤退的过程中，希特勒要求德军对要放弃的地区实行"三光"政策——毁成废墟、掳走居民、毁掉庄稼，从奥廖尔紧急运走库存物资和抢劫来的财物。

　　德军兵败如山倒，全线大溃逃，苏军乘胜转入追击。侦察机频频升空，四下捕捉德军动向，轰炸机、强击机、歼击机昼夜不停地突击奥廖尔一带的公路、铁路网，无情追杀逃窜中的德军车队。

　　在德军退却过程中，安东诺夫将军于8月初将最高统帅关于必须以航空兵不断猛烈袭击撤退的敌军纵队的指示，转发给布良斯克方面军和中央方面军的司令员。指示要求："夜间，应以夜航轰炸机轰炸主要退却道路、道路交叉点和渡口。"

　　苏联飞行员成功完成了所受领的任务。8月1日晨，空中侦察发现约三百辆汽车的敌军纵队从奥廖尔向西行驶，于是，空军第15和第16集团军的强击机和轰炸机迅速进入目标上空从低空进行攻击。据统计，5天内，空军第15集团军出动飞机约4,800架次，空军第16集团军出动飞机 5,000 架次以上。苏联飞机空袭过的道路上布满了敌军官兵的尸体以及击毁的汽车、坦克和其他技术兵器。

8 月 3 日夜，第 3 和第 63 集团军的先遣部队抵达奥廖尔附近，解放奥廖尔的战役即将打响。

在实施决定性的攻击前，布良斯克方面军军事委员会向官兵们发出号召："指战员们！你们亲眼看到，希特勒匪徒在毁灭奥廖尔……前进，尽快解放奥廖尔！"

在争夺奥廖尔的战斗中，第 3 和第 63 集团军在动员官兵英勇奋战方面创造了一种新的形式——举着队旗上战场，在战斗最紧急的关头，队旗总是出现在最显眼的地方，它召唤指战员们去建立新的功勋。从此，苏军开始把红旗授予担任进攻的部队和分队，以便插在刚解放的居民点上。

随着苏军军事胜利的逐渐扩大，敌后苏联人民的斗争规模也日益扩大。

早在 7 月份，游击队就在交通线上展开了积极的活动。仅奥廖尔的游击队从 7 月 22 日到 8 月 1 日就破坏了 7,500 根铁轨。之后，根据游击运动中央司令部制定的计划，白俄罗斯、列宁格勒、加里宁、斯摩棱斯克、奥廖尔等地的游击队，又发起了群众性破坏铁路交通线的活动。在库尔斯克会战最高潮的时刻，游击队的活动使敌人的运输瘫痪。

8 月 4 日，德军《最高统帅部作战日志》中指出：

▼ 库尔斯克战役之后，德军第一次感受到了苏联空军攻势的猛烈。图为通往贝尔格莱德的路上被拉 -2 对地攻击机炸毁的德军运输纵队。

▲ 在奥廖尔，一个小孩被苏军从地下掩体中拉出来。

　　东线铁路运行由于路轨遭到破坏而经常中断，其中，在中央集团军群的地域内，仅 8 月 3 日就发生了 75 次重大破坏事件和 1,800 次爆破活动，这导致中央集团军群地域内的火车运行从 8 月 4 日起中断 48 小时。

　　这样，争夺奥廖尔的战斗已进入最后阶段。

　　首先突入市内的是米哈利岑上校的步兵第 5 师，潘丘克上校的步兵第 5 师、潘丘克上校的步兵第 129 师和库斯托夫上校的步兵第 380 师的指战员，以及舒利金上校的近卫坦克第 17 旅。

　　当苏联军队一进入市内，留在市内的居民立即前来帮助部队。他们不仅把德军在市内防御配系的情报提供给了苏军指挥部，而且还帮助苏军渡过了奥卡河。于是，苏军在摧毁了奥廖尔东部德军的抵抗后，前出到奥卡河，继续追击强渡奥卡河的德军。

　　至 8 月 5 日拂晓，奥廖尔的德军已经被全部肃清。

　　也就是在同一天，草原方面军解放了别尔哥罗德。

▲ 苏军士兵在展示缴获的战利品。

　　当天晚上，为祝贺布良斯克方面军、西方方面军和中央方面军占领奥廖尔，草原方面军和沃罗涅日方面军占领别尔哥罗德，莫斯科鸣放了礼炮。

　　当胜利的炮声响起时，人们沸腾了。

　　这是苏德战争中首次为庆贺苏军战功而鸣放的礼炮。从此之后，莫斯科鸣放礼炮庆祝苏军胜利就成了一种传统。

　　苏德战场上的这些重大事件在全世界引起了热烈的反应。

　　早在 7 月 29 日的广播中，美国总统罗斯福就发表声明：

　　目前，在苏联正进行着最具有决定意义的战斗……今夏德军短时间的进攻，是提高德国士气的绝望的尝试。苏联人不仅粉碎了这次进攻，而且按自己的计划向前推进了，这与同盟国的整个进攻战略是协同一致的……苏联在拯救自己的同时，还打算拯救全世界免遭纳粹主义的危害。我们应当感激这个国家，在未来的世界上，它还将成为好邻居和好朋友。

奥廖尔的胜利同时也大大加强了反法西斯同盟各国对苏联强烈的同情心，巩固了他们同苏联人民在反对共同敌人的斗争中的团结。

终于，我们看到了胜利的希望，我们分担了战争的重担，我们也将共享和平的美好生活，我们自豪的是，我们都属于不可战胜的自由大军。

解放奥廖尔之后，苏联军队乘胜追击。

后撤的德军集团，由于战线缩短增大了战斗队形的密度，对苏军进行了猛烈的抵抗。但是，8月7日，当西方方面军和加里宁方面军先后转入进攻后，奥廖尔以西的德军集团的情况急剧恶化。

8月9日，第11近卫集团军和第4坦克集团军在霍蒂涅茨附近与德军展开了战斗。日落之前，他们从3个方面包围了该城，并切断了连接霍蒂涅茨和布良斯克的道路。一天之后，霍蒂涅茨获得解放。

8月12日，中央方面军又解放了德米特罗夫斯克－奥尔洛夫斯。

到此，德军只剩下卡拉切夫市了。由于奉命死守这个通向布良斯克的道路上的最后大枢纽部，德军在该市进行了顽强的抵抗。但是，苏军从东、南、北3方面封锁了德军。由于担心被合围，德军开始仓促向西撤退。

8月15日，苏军进入卡拉切夫市。

至此，奥廖尔登陆场实际上已经被拔除。从北面攻打库尔斯克的德军集团遭到惨败。

8月18日，苏军进抵"哈根"防御地区。

这样，在苏军对奥廖尔集团发动反攻的37天中，他们向西推进了150公里，击溃了德军15个师。

随着奥廖尔登陆场被拔除，苏德战场中央地段的形势发生了急剧的变化。这对苏军发展布良斯克方向的进攻以及前出到白俄罗斯东部地区来说，展现出了广阔的前景。

戈培尔的宣传喉舌曾经把奥廖尔登陆场比做是刺向苏联心脏的匕首，由于苏军毁灭性的打击，这把匕首被击落了。

▲ 苏军士兵正拖着反坦克炮涉水前进。

第九章

德军溃败

　　在"库图佐夫"战役打响的同时，朱可夫又在策划另一场大的反攻——"鲁缅采夫统帅"行动，可以预见，别尔哥罗德-哈尔科夫登陆场上将发生空前激烈的战斗。尽管苏军兵力上占有绝对优势，但狡猾的曼施坦因还是让苏联坦克部队吃尽了苦头。不过，哈尔科夫最终还是被收复了，这也是自"巴巴罗萨"行动以来，该城市第4次也是最后一次易手。当晚，莫斯科响起了庆祝的礼炮……

No.1"鲁缅采夫统帅"行动

8月初，当"库图佐夫"战役正在激烈进行时，在苏德战场西南翼占据有利战略形势的苏军，即准备在别尔哥罗德－哈尔科夫方向发起新一轮的反攻了，该轮反攻的代号为"鲁缅采夫统帅"。

其实，早在7月23日德军和苏军脱离接触时，斯大林便要求苏军立刻发动反攻。

斯大林认为，在库尔斯克南部方向上进行防御的德军集团已经被削弱，因为德军指挥部在7月下半月被迫从该集团抽出部分兵力调往顿巴斯和奥廖尔方向。7月上半月，该集团总共约有21个师，其中9个坦克师和摩托化师，到了8月初，则只有18个师，坦克师也只剩下了4个。而且，其中许多师在进攻库尔斯克时所遭到的损失尚未得到补充。这样，截止到8月3日，德军别尔哥罗德－哈尔科夫集团总共约有30万人、3,000多门火炮、迫击炮和不超过600辆的坦克及自行火炮。此外，也只有拥有1,000多架飞机的第4航空队为地面部队提供空中支援。

但是，朱可夫却对此持不同意见。

"斯大林同志，我认为目前发动反攻的时机尚不成熟。"

斯大林望着这位德高望重的军事家，没有说话，只是用目光示意朱可夫继续说下去。

"我们的部队已经经过了近20天的艰苦斗争，尽管歼灭了大量德军集团，但自身也受到严重的损失，"朱可夫坦率地说出了自己的意见，"我们的部队需要一段时间来补充和修整。"

斯大林终于开口了："德军目前已经没有与苏军抗衡的能力了，如果我们乘胜追击，必然势如破竹，我们的人民需要新胜利的鼓舞！"

"可是，"朱可夫解释说，"要知道，别尔哥罗德－哈尔科夫登陆场是封闭乌克兰入口的大门，而且它从北面掩护着顿巴斯集团，希特勒一定会命令德军务必守住别尔哥罗德——哈尔科夫登陆场的。可以预见，这将是一场十分激烈的战斗。"

"而且，更为重要的是，"朱可夫补充道，"尽管目前德军的兵力不多，但他们却构筑了完备的工事进行防御固守。"

"要知道，我们的情报显示德军的防御战术地幅由两个地带组成，其纵深达15至18公里。而且在防御的战役地幅内，还构筑有若干中间防御地区，居民点则构筑成环形防御的强大抵抗枢纽部。"

"目前，德军已大力加强了哈尔科夫、别尔哥罗德、苏梅、阿赫特尔卡、列别金、博哥杜霍夫、楚古耶夫的防御。在通往哈尔科夫的要道上，德军构筑了5道顺序排列的防御地带。此外，在城市四周，德军还设有两道环形防御地区，纵深达90公里。"

"我们不能让我们的士兵无谓地牺牲，我们已经有太多的青年……"

朱可夫没有说下去，他的声音有些哽咽。

好半天，斯大林没有说话。

终于，斯大林开口了："好吧。朱可夫元帅，按照你的要求，部队进行一段时间的休整。"

"但是，"斯大林语气一转，"休整的时间不是你要求的 20 天，而是 10 天。希望你能够尽快地制定出作战计划。"

▲ 朱可夫与坦克部队指挥官共商作战计划。

朱可夫没有再说什么，转身出去了。

之前，在"库图佐夫"作战开始不久，朱可夫便被斯大林调到南部战线，负责"鲁缅采夫统帅"战役的计划制定。

对朱可夫来说，自 1941 年冬莫斯科战役以来，他就一直在寻找歼灭德军战斗力最强、对苏军威胁最大的中央集团军群的机会。可是，他的想法一直没有获得成功。尽管是他亲自制定了"库图佐夫"作战计划，却在战斗一开始便被调离，没有能够全程指挥，这就使得德军又一次摆脱了覆灭的危险。不过，一向以意志坚强著称的朱可夫相信，终有一天，他会达到他的目的。事实上，为了实现这个目的，朱可夫还将等待 10 个月之久，直到 1944 年 6 月著名的"巴格拉季昂"作战——德国中央集团军群的毁灭。

不过，朱可夫明白，目前他的任务是在短短的十昼夜之内，为"鲁缅采夫统帅"战役制定完善的计划，并做好充分的准备。

按照朱可夫的计划，"鲁缅采夫统帅"作战将用草原方面军从正面攻击别尔哥罗德——哈尔科夫轴线，以沃罗涅日方面军从德军左翼第 4 装甲集团军和"肯夫兵团"的结合部实行突破，把德军一切为二，然后从西部包抄在哈尔科夫方向上的德军。同时，西南方面军也将以第 57 和第 1 近卫集团军从东北部向哈尔科夫攻击。

苏军"鲁缅采夫统帅"作战的进攻重点由沃罗涅日方面军承担。该方面军将由第 5 近卫集团军担当主攻任务，其攻击将集中在一个宽仅 16 公里的地段上。在这个地段上，该集团军

▼ 苏军士兵在坦克的掩护下向据守在哈尔科夫的德军发起攻击。

的第 32 近卫步兵军（包括第 66、97 近卫步兵师和著名的第 13 近卫步兵师）将于右翼发动进攻，第 33 近卫步兵军则在左翼发起进攻。

朱可夫计划，在攻势的第一天，第 5 近卫集团军将向前推进 12～15 公里。一旦德军的突破口被打开，第 1 坦克集团军将从集团军右翼一个宽 4 公里的地段，第 5 近卫坦克集团军将从左翼一个宽 6 公里的地段进入突破口。在击破当面的德军后，这两个坦克集团军将向左回旋，第 1 坦克集团军将形成对哈尔科夫的外层包围圈，而第 5 近卫坦克集团军将转属于草原方面军从西部包抄哈尔科夫，并形成对该城的内层包围圈。

为了保证任务能够顺利完成，朱可夫要求苏联最高统帅部优先对第 1 坦克集团军进行补充。因为早在 7 月 23 日德军停止进攻时，第 1 坦克集团军只剩下不到 300 辆坦克。这样，第 1 坦克集团军得到了 200 辆新坦克的补充，再加上修复的坦克，在 8 月 3 日进攻前，第 1 坦克集团军拥有了 742 辆坦克和 27 门自行火炮。此外，第 5 近卫坦克集团军的坦克也恢复到 503 辆坦克，自行火炮恢复到 40 门。

在第 5 近卫集团军的右翼是第 6 近卫集团军，也将担任重要的突破任务，第 5 近卫坦克军将作为该集团军的装甲矛头。在第 6 近卫集团军右翼是第 27 集团军，并为该集团军配属了两个坦克军：第 4 近卫坦克军（180 辆坦克）和第 10 坦克军，其任务是保护担任主攻的第 5 和第 6 近卫集团军的右翼。

在方面军的右翼，苏第 40 集团军和 38 集团军将分别于 8 月 5 日和 8 日发起攻击，其中第 40 集团军辖第 2 近卫坦克军，从 6 日起第 10 坦克军也将转属于该集团军，它的任务是保护方面军的整个右翼。

在沃罗涅日方面军的左翼，是草原方面军，它的任务十分艰巨。它将从正面向有完善的防御体系的别尔哥罗德－哈尔科夫轴线发动攻击，草原方面军司令科涅夫将军从左至右部署了第 53、69 和第 7 近卫集团军，他把手头唯一的装甲部队第 1 机械化军部署在第 53 集团军的地段上，而西南方面军的第 57 集团军计划在 8 日参加战斗。

为了确保突破的成功，苏军进行了精心的准备。到 8 月初，别尔哥罗德－哈尔科夫方向的反攻准备已经就绪。苏军在主攻方向上集结了大量炮兵，仅在第 5 和第 6 近卫集团军的地

▲苏军士兵用临时扎制的木筏载着装备渡过一条河流。
▼1943年8月，苏军第1坦克集团军指挥官卡图科夫将军（随后成为坦克军的元帅）为战士颁发勋章。

▲苏T-34型坦克纵队开往别尔哥罗德前线作战。
▼德国党卫军士兵今后面临的将是什么？

段上，苏军火炮密度分别达到了每公里113门大炮和129迫击炮，在53集团军的地段上更是达到了每公里242门大炮和迫击炮的程度。苏军的总兵力为900,000人、2,832辆坦克和自行火炮。

在战役准备过程中，朱可夫非常重视制造假情况以迷惑德军。

为了使德军摸不清苏军真正的主攻方向，苏军在苏吉地域模拟了坦克集团军和诸兵种合成集团军的集结，以及该集团在苏梅方向的进攻准备。

果然，德军被欺骗了，该地域成了德军指挥部一直关注的焦点，德军派遣了大量侦察机和轰炸机到该地域活动。甚至"鲁缅采夫统帅"战役发起之后，德军指挥部仍在这一方向保持相当大的兵力。

当"鲁缅采夫统帅"战役的准备工作在紧锣密鼓地进行时，面对苏军的德军第4装甲集团和"肯夫兵团"丝毫没有意识到苏军的大规模进攻近在眼前。

一方面，德军认为，在库尔斯克尤其是在普罗霍罗夫卡的攻势中受到严重损失的沃罗涅日方面军和草原方面军已经元气大伤，至少要到8月底才有力量重新发动进攻。另一方面，朱可夫的伪装工作做得确实非常成功。

这样，当苏联军队做好充分准备的时候，德军的许多部队尚未从对库尔斯克进攻作战中恢复过来。特别是优先整补的第2党卫装甲军又被调往他处，这使得德军的防线十分脆弱。

在苏军进攻路线上的德军部队是第 4 装甲集团军的第 52 步兵军和"肯夫兵团"的第 11 军。其中，在沃罗涅日方面军正面，德第 52 军的第 255、332 和 167 步兵师占据了防御位置，平均每个师的防御地段宽度为 14 ～ 16 公里；在草原方面军前方是德军第 11 军的第 168、198 和 166 步兵师，每个师平均防守地段宽度为 16 公里。德军的预备队为第 19 装甲师和第 6 装甲师，以及第 323 步兵师和第 52 独立装甲营，这是德军可以在战斗一开始就投入的兵力。而德军第 4 装甲集团军和"肯夫兵团"加上后来增援的"大德意志"师、"帝国"师和"骷髅"师，总兵力也只有 300,000 人，坦克和自行火炮约 600 辆。在兵力对比中，苏军在人数上有 3 ：1 的优势，在坦克上的优势更达 5 ：1。

而在苏军选定的突破地段上，苏军的优势更大，如苏第 5 近卫集团军，第 1 坦克集团军和第 5 近卫坦克集团军，将以 160,000 人、1,100 辆坦克的兵力在一个 16 公里宽的地段上，攻击只有 2 个德国步兵团防守的地域，苏第 6 近卫集团军以 85,000 人、200 辆坦克攻击也是由两个德国步兵团的防线，而第 53 集团军则以 77,000 人、291 辆坦克的兵力攻打由一个德国师防守的地段。苏军通过在重要地段上最大限度地集结兵力，以确保能顺利突破德军防线。

在一切准备就绪后，苏军各个部队都在紧张地等待进攻时刻的到来。

No.2 攻占别尔哥罗德

8 月 3 日 5 时，苏军炮群的怒吼打破了清晨的寂静。

在 5 分钟内，无数炮弹倾泻到德军第 167、168 和 332 步兵师的防线上。在接下来的 30 分钟里，苏联工兵又开始紧张地清除攻击路线上的障碍物，并在雷区中开辟道路，之后，苏军的大炮又一次开始了怒吼，这一次炮击持续了 2 小时 10 分钟。最后，以一阵"喀秋莎"火箭炮的齐射作为结尾，苏联坦克和步兵开始发起攻击，"鲁缅采夫统帅"战役正式打响了。

没有任何思想准备的德军被苏联的炮火惊呆了，德军损失惨重，特别是在德军第 332 和 167 步兵师的结合部上，防御工事被炸得七零八落，幸存的德国士兵在炮火下瑟瑟发抖，根本无力阻挡苏军的前进。这样，苏联第 6 近卫集团军的先头部队很快就突入德军防线达 3 公里。

之后，被打懵了的德军逐渐开始了回击。他们对苏军炮击作出的第一个反应是派第 19 装甲师第 74 装甲掷弹团和第 52 独立装甲营增援第 332 步兵师，第 6 装甲师和 19 装甲师的第 4 装甲掷弹团支援第 167 步兵师，企图在最初阶段就阻止住苏军的突破。

德军的努力失败了。

　　7 时 55 分，苏军步兵在坦克支援下沿着一条 40 公里长的战线向德军发起了全面攻势。由于出色的炮火准备，苏军得以迅速地攻入德军第一道防线。其中，为 2 个坦克集团军开辟道路的第 5 近卫集团军的攻势最为猛烈。该集团军右翼——第 32 近卫步兵军及其第 66、97 和 13 近卫步兵师，在第 93 坦克旅和第 1547 自行火炮团的支援下很快就突破了德第 332 步兵师第 164 步兵团的防线。由于德军尚未从猛烈的炮击下清醒过来，苏军得以迅速占领了德军前 3 条战壕。直到突入德军防线 3 公里后，才遭到第一次反击。这时，德国空军首次出动，轰击前进中的苏军，但这次空袭未能达到阻止苏军的目的。苏第 32 近卫步兵军一再痛击德第 164 步兵团，德军团部被快速前进的苏军俘虏，到中午第 164 步兵团已经被击溃了。正午时分，苏军发起攻击仅 4 个小时后，苏第 1 坦克集团军开始进入突破口。

　　而该集团军左翼，第 33 近卫步兵军及第 6、9 近卫伞兵师和第 95 近卫步兵师 3 个师，在第 28 和 57 重型坦克团、第 1440 和 1549 自行火炮团的支援下，攻入了德第 332 和 167 步兵师的结合部。第 6 近卫伞兵师迅速地突破了德第 332 步兵师的防线并于 9 点 30 分强渡沃斯克

▼ 苏军士兵以压倒性优势兵力围攻德军。

拉河。接着，该师又突破了德军第二道防线。

这样，到上午 11 时，第 5 近卫坦克集团军的先头部队开始进入突破口。下午 3 时，整个第 5 近卫坦克集团军通过了突破口，开始向德军防线纵深前进。

在第一天，第 5 近卫集团军突入德军防线 8 ~ 14 公里，而第 1 坦克集团军和第 5 近卫坦克集团军已经开始了向德军纵深的发展。

此后，在苏第 1 坦克集团军左翼，第 5 近卫坦克集团军以第 29 和 18 坦克军为前锋，第 5 近卫机械化军为第二梯队，在炮兵和苏联空军的支援下迅猛地向德军后方前进，他们一路上击破德军的抵抗，到 3 日晚已突入德军防线达 26 公里。

与此同时，当第 5 近卫坦克集团军、第 1 坦克集团军和第 5 近卫集团军在德军防线上打开一个大口子时，在第 5 近卫集团军的右翼——第 6 近卫集团军的 23 近卫步兵军的第 52 和 53 近卫步兵师首先突破德军防线。

直到晚上，第一批德军增援部队才姗姗而来——第 19 装甲师的 73 和 74 装甲掷弹团先后

▼ 溃不成军的德军部队。图上近处躺着一具德军士兵的尸体。

到达了第 332 步兵师的后方，并开始对苏第 1 坦克集团军的第 3 机械化军发动反冲锋。

这样，德军第 19 装甲师的一次反击，把苏军阻止在离托玛洛夫卡 4 公里的地方，在第 6 近卫集团军的右翼，第 51 和 71 近卫步兵师的攻击也不够理想。本来，一开始这两个师成功地驱逐了德第 676 步兵团，但由于德军第 52 独立装甲营的"虎"式坦克和第 255 师的步兵不断向苏军发动反击，苏军的前进被阻止了。之后，尽管苏军立刻投入了二线的第 90 近卫步兵师和第 5 近卫坦克军，但由于德军的防守也越来越顽强，直到 3 日晚上，苏军仍未能达成突破。

而在苏第 5 近卫集团军左翼，苏草原方面军第 53 集团军和第 69 集团军的第 48 步兵军于 3 日 8 时发起了攻击。

在德军方面，第 167 步兵师在第 6 装甲师的支援下顽强地抵抗着苏军的攻击。由于别尔哥罗德－哈尔科夫轴线是德军防御的重点，该地区的防御体系十分完善，而苏军的炮火给德军阵地造成的损害不大，苏军的攻势从一开始起就成了一场苦战，德军的每一个阵地都要经过激战才能夺得，当天下午科涅夫不得不下令提前投入第 1 机械化军，在它的协助下，苏军在 3 日日终时，得以突入德军防线 8 公里。

▼ 无畏的苏军士兵正在向德军发起进攻。

对于苏军第一天取得的战果，朱可夫表示相当满意。在这一天中，苏军第5、6近卫集团军和第53集团军都突破了德军第一道防线，第1坦克集团军和第5近卫坦克集团军都已投入战斗，其中第5近卫坦克集团军已经从德第4装甲集团军和"肯夫兵团"之间突入26公里，德军2个步兵师（332和167步兵师）遭到了重创。

然而，朱可夫关心的是，在德军增援部队源源不断地上来之时，苏军能否在4日继续扩大战果。

第二天凌晨4点，在猛烈的炮火和空军的支援下，苏军继续他们的攻势。

第6近卫集团军的第23近卫步兵军在第5近卫坦克军的支援下，一再攻击德军防线，但德军的顽强抵抗使苏军进展缓慢，在一天中只前进了4公里。

第5近卫集团军的第32近卫步兵军于4点30分发动进攻，其第66和97近卫步兵师猛烈攻击由德第19装甲师的侦察营、第73装甲掷弹团和164步兵团防守的地段，但仅仅前进1.5公里就被迫停下来。

只有第13近卫步兵师的攻击比较顺利，该师和第1坦克集团军一起，切断了托玛洛夫

▼ 最高统帅部代表朱可夫元帅、沃洛涅日方面军司令员瓦杜丁将军（右）和方面军参谋长巴卡留波夫中将在研究作战计划。

卡-别尔哥罗德公路，从南面威胁到了德军重要据点托玛洛夫卡。

在第 32 近卫步兵军的左翼，第 33 近卫步兵军继续他们的攻势，在 4 日他们把德军第 167 步兵师残部和第 6 装甲师逐离了托玛洛夫卡-别尔哥罗德公路，在 4 日终了时，苏军已经在德第 4 装甲集团军和"肯夫兵团"间造成了一个宽 20 公里的缺口。

同一天，苏第 1 坦克集团军继续它的攻势。卡图科夫命令第 6 坦克军协同第 5 近卫坦克军从北和东北攻击托玛洛夫卡，而第 3 机械化军将从东南部向托玛洛夫卡后方迂回。尽管对托玛洛夫卡的正面进攻再次被德军挡住，但第 3 机械化军的迂回则获得了成功。该军一路克服了德军的抵抗，在一天中前进了 20 公里。于是，卡图科夫迅速将集团军其他兵力——第 6 和 31 坦克军也投入这个方向。于是，德第 19 装甲师和第 255、332 步兵师在不知不觉中陷入重围。

苏第 5 近卫坦克集团军则在 5 点发起了攻击。该集团军已经把第 5 近卫集团军的步兵抛在身后 10 公里。到上午 9 点，第 5 坦克集团军的第 18 和 29 坦克军迎头撞上了德国第 6 装甲师。在空军的支援下，德军利用河流和村庄作掩护，成功地阻碍了苏军的前进。这样，到 4 日晚，苏军的 2 个坦克军也只前进了 3 ~ 4 公里。在这种情况下，罗特米斯特洛夫决定把第二梯队的第 5 近卫机械化军投入战斗。原计划该军将从德军左翼迂回突破。但是，在这个攻势启动

▼ 第 5 近卫坦克集团军及时赶到，挽救了危局。

▲ 德军一辆被击毁的"斐迪南"战车起火燃烧。

▲ 正在指挥作战的党卫军军官。

前，由于草原方面军第53集团军屡次攻打别尔哥罗德不下，瓦杜丁命令将第5机械化军调往53集团军地段，从西面向别尔哥罗德进攻。正在罗特米斯特洛夫失望之际，传来了第1坦克集团军突破成功的消息。于是，他立刻下令第18坦克军从第1坦克集团军的突破地域向对面的德军左翼迂回，而第29坦克军继续从正面向德军进攻。整个作战行动将在5日展开。

8月5日晨，苏军第6近卫集团军的第52近卫步兵军，第5近卫集团军的第32近卫步兵军和第5近卫坦克军继续对托玛洛夫卡进攻。德军在这个防御中心的部队是第255和322步兵师，第19装甲师的主力和第52独立装甲营，共3个师的兵力。虽然兵力占劣势，德军的抵抗仍非常顽强，使苏军每前进一步都要付出很大代价。经过激烈战斗，到5日下午，苏军终于到达了托玛洛夫卡北郊约4公里的地方。在这里，德第52独立装甲营的一次顽强反击，再一次使苏军停顿了下来。苏军各个进攻部队中，只有第13近卫步兵师的进展令人满意，它已经深深地突入德军防线后方，并开始向右旋转，威胁到德军托玛洛夫卡防线的后方。

在步兵攻击的同时，苏联两个坦克集团军继续向德军的纵深挺进，第1坦克集团军开始向西南方向进攻，到5日傍晚它已经抵达克里莫夫地区，从而切断了德国托玛洛夫卡守军向南撤退的道路。

在同一天里，第5近卫坦克集团军开始向德第6装甲师和第167步兵师的左翼迂回。发现了苏军行动企图的德军竭力想延长他们的左翼，以阻止苏军突破。但由于兵力不足，随着防线的延长，德军的防御越来越薄弱，根本无法抵挡苏军的攻势。到5日晚，第5近卫坦克集团军已开始威胁到德军后方。而此时，德"肯夫兵团"已经没有预备队了。但这一天德军的援兵开始接近战场，第一个到达的第3装甲师已经抵达哈尔科夫南部，不过该师至少还需

▲ 在库尔斯克战役中撤退下来的党卫军士兵。

要 1 天时间才能赶到前线。

按照朱可夫的计划，苏第 27 和 40 集团军于 5 日凌晨向德第 4 装甲集团军第 48 装甲军发起攻势。在前一天，27 集团军以精心挑选的精锐部队向德第 11 装甲师（50 辆坦克）的前沿阵地发起了试探性攻击，苏军在炮火掩护下，顺利地清除了雷区，并夺取了德军第一道战壕。

5 日晨，在猛烈的炮火准备以后，第 27 集团军第 163 和 166 步兵师迅速通过前一天打开的通道突入德军防线。10 点，第 4 近卫坦克军进入突破口，该军在一天里克服了地形的阻碍和德军的抵抗，前进了 13 公里。德第 11 装甲师发起了几次反击，但未能阻止苏军的前进。第 27 集团军的进展，从西面威胁到了托玛洛夫卡的德军守备部队，这支德军面对绝对优势的苏军，已经顽强地战斗了 3 天之久，现在他们终于到了无法再坚持下去的地步了。于是他们决定在 5 日夜晚，趁苏军的包围圈尚未合拢，从南部突围，可是他们并不知道，苏第 1 坦克集团军已经迂回到了他们的南部，苏军的包围圈已经合拢了，他们现在突围已经太晚了。

在苏军的右翼，第 40 集团军于 5 日 5 点 15 分发起进攻，苏军的前锋第 206 和 100 步兵师在几个小时内就突入德第 57 步兵师的防线 4 公里，苏军的坦克部队第 2 坦克军也进入了突破口，当天第 40 集团军前进了 8 公里。为了堵住苏第 40 集团军打开的缺口，德第 48 装甲军的预备队第 7 装甲师被紧急调往该区域，并于当晚开始了对苏军第 206 步兵师的侧翼发起攻击。第 40 集团军司令立刻把第 161 步兵师调往一线，他很满意德第 7 装甲师出现在他的地段上，因为这意味着关键的战斗正在右翼进行，德第 48 装甲军无力抽调兵力前去增援。

然而，正当苏联弗罗尼兹方面军的攻势取得进展时，草原方面军 4 ～ 5 日的攻势则遇到了很大困难。

4 日，草原方面军的第 53 和 69 集团军继续沿着别尔哥罗德－哈尔科夫公路进攻，第 7 近卫集团军在当天稍后也加入了攻击。但是，遭到了德军第6装甲师、第168和198步兵师依托完善防御体系的坚决抵抗。虽然苏军投入了第1机械化军，但一切试图快速突破的企图都失败了，苏军在4日的前进速度慢得令人恼火。为此，草原方面军司令科涅夫一再向朱可夫求援，终于在4日晚，得到了从第5近卫集团军转来的第5近卫机械化军。科涅夫决心将用第5近卫机械化军从西面向别尔哥罗德迂回。5日，在又一次猛烈的炮击后，科涅夫命令第53、69集团军从正面，第7近卫集团军从东面，第5近卫机械化军从西南面，向别尔哥罗德进攻。虽然德军的抵抗仍很顽强，但苏第53和69集团军还是逐渐接近了别尔哥罗德，第7近卫集团军强渡了北顿涅茨河，从东面威胁到该城，而第5近卫机械化军也开始威胁到德军的后方。

在这种情况下，曼施坦因下令放弃别尔哥罗德，撤往哈尔科夫，5日18点，苏军攻占了别尔哥罗德，不过德军主力得以避免了被合围的命运，有秩序地向哈尔科夫后退。

这样到6日，苏军第一阶段的攻势获得了成功，别尔哥罗德和托玛洛夫卡都落入了苏军的手中，朱可夫下令实行下一阶段的战斗，科涅夫的草原方面军仍将从正面攻击哈尔科夫，而瓦杜丁的沃罗涅日方面军将尽快以步兵消灭被围的德军，同时其坦克集团军将继续突破，并从西面迂回哈尔科夫。

No.3 解放哈尔科夫

6日清晨，苏第27集团军首先在炮火掩护下发起攻击，一路压迫德第57步兵师和第11装甲师节节后退，并在佛斯卡拉河对岸建立了一个桥头堡。

而消灭被包围德军的任务被授予了第6近卫集团军的第32近卫步兵军。该军在第1坦克集团军的部分兵力支援下，到6日晚上，已经牢牢地控制了德军向后撤退的道路。

当时，从托玛洛夫卡撤出的德军兵分两路——第19装甲师和第255步兵师向西南撤退，而第332步兵师则退向南方。7日天一亮，溃退的德军部队就遭到了苏联空军的猛烈攻击，之后，苏军的大炮又铺天盖地地压了过来。德军试图在炮火中杀出一条血路，但他们一再被击退。在这一天当中，苏联第32近卫步兵军击毙了5,000名德军，并俘虏了2,000人。在接下来的几天里，除了极少数德军在混乱中回到德方战线外，其余的全部被消灭了。

随着被围德军的毁灭，德军的形势越发严峻起来。德国第7和11装甲师在苏军第27和40集团军的攻击下步步后退，苏军主力也已经越过了佛斯卡拉河。

不过这时候，德军"大德意志"师的先头部队约有50辆坦克抵达了第48装甲军的地段，在这个生力军的援助下，德军勉强建立了一条完整的防线。

　　苏联第1坦克集团军和第5近卫集团军则继续向德军后方挺进。第1坦克集团军除第31坦克军一部协助第32近卫步兵军消灭被围的德军外，以第6坦克军和第3机械化军向德军后方快速前进，到6日中午，苏军已经前进了50公里。7日上午，接到瓦杜丁的命令，卡图可夫对德军重要的后勤供应基地——波格杜科夫铁路枢纽发动了突然袭击。这样，经过1个小时的战斗，苏军就完全控制了波格杜科夫，包括700吨燃料在内的大量德军物资被苏军缴获。

　　在第6坦克军左翼的第3机械化军却意外遭遇到党卫军"帝国"师。在意识到苏军进攻的规模后，曼施坦因迅速把可以找到的预备队调往前线，其中最重要的是第3装甲军，包括第3装甲师，第2党卫军"帝国"师和第3党卫军"骷髅"师。其中第3装甲师于6日抵达，并立即被派往第6装甲师的左翼以阻止第5近卫坦克集团军的迂回。而第2党卫军"帝国"师的先头部队也在6日抵达，苏联第3机械化军遭遇的就是这支德军。第3机械化军立刻向德军发起攻击，而第2党卫军"帝国"师显然并不想在全师兵力集结前和苏军打一场硬战，他们撤退了。

　　在第1坦克集团军的左翼，第5近卫坦克集团军的攻势不顺利，在得到第3装甲师的加强后，德军的防御变得十分坚强，只是在第5近卫机械化军回到集团军控制下后，苏军才得以继续前进，但快速突破的机会已经失去了。

　　在6、7日两天里，苏军的机械化部队前进很快，但由于苏军步兵正忙于清除被包围的德军，苏军的坦克部队和步兵已开始脱节了。

　　曼施坦因注意到了这个问题。这时，他的援军也开始陆续抵达，但除了第3装甲师以外，

▼ 苏军部队源源不断地增援前线。

他并不急于把其余的兵力投入战场。曼施坦因并不想犯把坦克部队逐次投入战斗的错误，他需要时间来集结他的部队，同时他还要等待一个良好的时机，等苏军的坦克部队和步兵脱离，等苏军进攻能量逐渐消耗，这时他就会释放出他充分准备的反攻，打击苏军的装甲矛头。以前，德军就是用这个方法，屡次消灭了苏军突入德军防线的坦克兵力，曼施坦因坚信这一次也不会有什么不同。

而此时，瓦杜丁对当前的形势十分乐观，他认为德军已到了崩溃的边缘，只要再给以坚决的一击，就能取得胜利。于是，在催促步兵加快前进的同时，他命令卡图可夫和罗特米斯特洛夫继续攻击，攻击的重点放在第1坦克集团军的地段，该集团军将克服德军的一切抵抗，切断波尔塔瓦－哈尔科夫铁路。

8日，第1坦克集团军队第3机械化军和第31坦克军的进攻被德第2党卫"帝国"师击退，而通过侦察，卡图科夫得知德军正在通过波尔塔瓦－哈尔科夫铁路把增援部队从顿巴斯源源不断地开来，他更觉察到切断这条铁路线的重要。9日，他把第6坦克军也投入了战场，但德第3党卫"骷髅"师也赶到了前线，苏军虽然获得了一些进展，但其强渡莫切克河的企图失败了，同一天，恼怒的瓦杜丁命令卡图科夫必须最迟于11日切断铁路线。

于是，卡图科夫重组了他的部队。在第一批步兵抵达后，他立刻命令加强了攻击，10日下午，第6坦克军第112坦克旅渡河成功。之后，该旅立刻组织了一支突击分队，向德军纵深突击。该分队一路克服德军的抵抗，于11日凌晨抵达集团军的目标伐索科坡里，并在德军的猛烈反攻下守住了伐索科坡里城市北郊，坚持到主力赶到，于12日再次攻占了伐索科坡里。

相比之下，苏第5坦克集团军的攻击极不顺利。德第3装甲师和第167步兵师依托完善的防御工事，进行了有效的抵抗。11日，德军第5党卫"维京"师的抵达，更增加了苏军的困难。就在这个时候，朱可夫决定把坦克兵力集中在进展较顺利的第1坦克集团军的地段，第5近卫坦克集团军奉命撤出战斗，前往加入第1坦克集团军在波哥杜科夫南部的战斗。

在苏军左翼，草原方面军对哈尔科夫的正面攻击却受到了极大的挫折。由于缺乏机械化部队的帮助，草原方面军的进攻沦为第一次世界大战式的残酷的阵地战。苏军每攻克一道德军的防线，就会发现前面又出现了一条新防线。离哈尔科夫越近，德军的防御就越坚强，苏军的损失很大。

而在苏军右翼，第27、40集团军继续他们的攻势。此外，第38集团军也于8月8日加入了攻击。德军第11和第7装甲师、"大德意志"师、第57和68步兵师在苏军的攻击下，被迫缓缓向后退却。但由于德军为了暂时稳住这个方向的局势，为计划中的反攻争取时间，在这个地段上投入了大量预备队，苏军暂时无法突破。

◀ 苏军所到之处无不受到苏联人民的欢迎。

▶ 苏军士兵在坦克的掩护下突破德军防线。

　　这样，到 11 日，苏军将战线向前推进了 60 ～ 100 公里。而在战线中部，苏军的坦克部队已接近对德军至关重要的波尔塔瓦－哈尔科夫铁路线。

　　与此同时，曼施坦因元帅正在紧张地调集兵力，准备对苏军发动一场大规模的反攻。

　　按照原计划，在南方，德军将用第 3 装甲军在伐索科坡里向苏第 1 坦克集团军发动攻击，而第 24 装甲军以"大德意志"师为主力，在北方发动攻势。但是，由于苏军的进展过快，曼施坦因只能放弃同时发动这两个攻击的计划，而首先发动在南方的反击。

　　参加这次反攻的德军部队包括，第 3 装甲军的第 2 党卫"帝国"师、第 3 党卫"骷髅"师、第 5 党卫"维京"师以及第 3 装甲师。不过，第 3 装甲师由于连日作战，受到了很大损失，只剩下不到 30 辆坦克和强击火炮，只能担任一个支援性的任务。

　　曼施坦因的计划很简单：第 3 装甲师和"维京"师将牢牢抓住苏军，而"帝国"师和"骷髅"师将分别从左右两翼夹击苏第 1 坦克集团军，同时集中空军的力量轰击苏军部队。

　　苏第 1 坦克集团军和第 5 近卫集团军在连日的激战中已经遭到了很大的损失。第 1 坦克集团军剩下 268 辆坦克和自行火炮，第 5 近卫坦克集团军也只剩下 115 辆坦克和自行火炮，前者损失了近一半的兵力，后者的损失则高达 80%！

　　如果从数目上看起来，苏军的坦克数量与德军相比仍为 2∶1 的优势，但德军已经集结完毕，并补充了充足的弹药和燃料。苏军坦克部队却处于追击状态，部队分散很广，而且经过多日激战，弹药和燃料都已严重不足，更重要的是苏军未能察觉德军的进攻准备。

　　当然，更令人不可思议的是，瓦杜丁再一次犯了当年春季作战的错误，认为德军即将全线撤退，即使德军发动一场反攻，也不过是为了掩护其主力撤退而已。所以，他一再命令卡图科夫不要理睬德军部队的"骚扰"性攻击，全力向前突破，切断德军后撤的道路。这样德军的反攻完全达到了出其不意的效果。

　　8月11日11时，德第2党卫"帝国"师和第3党卫"骷髅"师从两个方向向第1坦克集团军发起了进攻，苏军的各个先头部队立刻陷入了包围，苏第112坦克旅和第1近卫坦克旅经过苦战，于11日晚终于突围成功，回到苏军防线，而第49坦克旅和第17坦克团则没有那么幸运，他们在德军的包围中，奋战数日后，全军覆灭。

　　这样，苏第1坦克集团军在德军的重击下，在一天中损失了1/3的坦克，而德军紧紧抓住这个机会，决心在苏军得到增援前首先消灭第1坦克集团军。

　　在这危急时刻，苏联第5近卫坦克集团军的及时赶到挽救了卡图科夫。

　　罗特米斯特洛夫率领第5近卫坦克集团军和配属他指挥的第5近卫集团军第32近卫步兵军的第13和97近卫步兵师，于12日4时抵达波格杜科夫南部。当他察觉出正面临着德军的大规模攻击时，果断下令转入防御。

　　而此时，瓦杜丁仍没有意识到形势的严峻，再次命令第1坦克集团军和第5近卫坦克集团军继续他们的攻击。结果，继续向前进攻的苏军被"骷髅"师包围。除少部分突围成功外，被德军悉数消灭。

　　这样，到12日晚，战场上的形势发生一些逆转。苏军的进攻没有奏效，而德军继续发展他们的攻势，这一天他们迫使苏军后退了 3 ~ 4 公里。

在这种情况下，瓦杜丁才重新做出反应，他命令第 6 近卫集团军向德军的左翼发动攻击，以将德军从第 1 坦克集团军和第 5 近卫坦克集团军的方向上引开。

13 日 5 时 30 分，第 6 近卫集团军和第 1 坦克集团军的第 6 坦克军发起了进攻，并很快对德军的左翼产生了威胁。其中第 6 坦克军前进了 10 公里，再一次攻占了伐索科坡里。但苏军的攻击并没有立刻产生效果，13 日 9 时，在经过 60 分钟的炮击后，德军继续向第 1 坦克集团军和第 5 近卫坦克集团军进攻，激烈的战斗持续了一整天。

在战斗过程中，罗特米斯特洛夫不断受到瓦杜丁和科涅夫的催促，命令他"以果断的一击，摧毁当前的德军"，但这谈何容易！罗特米斯特洛夫并不是一个只知唯上级命令是从的将军，他清楚地知道现在的最佳选择是暂时转入防御，等德军消耗掉他们的进攻能量，而苏军滞后的步兵和炮兵赶到，才能转入进攻。而一直到 13 日晚，瓦杜丁才终于看清了形势，同意第 1 坦克集团军和第 5 近卫坦克集团军转入防御。

14 日战斗继续进行，德军虽然尽了最大努力，但其前进速度逐渐缓慢了下来。而此时，来自德军左翼的威胁越来越大，苏第 6 近卫集团军和第 6 坦克军于 14 日前进了 10 ~ 12 公里，已经严重威胁到德第 3 装甲军的后方，面临被包围的危险，德军别无选择，只能首先应付这个威胁。

当晚，"帝国"师和"骷髅"师秘密地从前线撤出，向西运动。这次机动极为成功，苏军毫无察觉。15 日凌晨，德军攻击第 6 近卫集团军的防

▲ 苏军坦克驾驶员对胜利充满了信心。

线，苏军遭到了重击，整个集团军被迫全线后撤，其第 52 和第 90 近卫步兵师以及第 6 坦克军陷入重围，最后只有第 52 近卫步兵师突围成功。

但是，虽然第 6 近卫集团军遭到了惨败，但苏军至少达到了把德军从苏军正面引开的目的。这样，尽管战斗继续持续到 8 月 17 日，但在波哥杜科夫的战斗暂时平息了下来。

在这次争夺之中，双方都蒙受了重大损失。苏第 1 坦克集团军到 17 日只剩下 160 辆坦克和自行火炮，第 5 近卫坦克集团军的损失较少，仍保持 130 辆坦克；而德军"帝国"师只剩下 32 辆坦克和 19 门强击火炮，"维京"师剩下 18 辆坦克和 4 门强击火炮。

在继续战斗前，双方都需要一段时间补充消耗的兵力，朱可夫下令苏军在两天内做好继续进攻的一切准备。

第 5 近卫坦克集团军陷入波哥杜科夫一带的苦战，直接影响到苏军对哈尔科夫的攻击。苏草原方面军第 53、69、第 7 近卫和第 57 集团军逐渐向哈尔科夫逼近，德军在哈尔科夫投入了第 167、168、198、106、320、282、39 和 161 步兵师以及第 6 装甲师的余部，此外第 223 和 355 步兵师也抵达哈尔科夫南部，这些部队依托完善的防御工事，使苏军的前进极为缓慢。经过激战，苏军于 12 日抵达距哈尔科夫 10 公里的地方，在这里苏军的攻势再一次停顿了下来。虽然西南方面军的第 1 近卫集团军于 12 日从哈尔科夫东南部发起了攻击，但在得到坦克部队增援前，苏军快速攻克哈尔科夫的可能性几乎不存在。

到 8 月 18 日，战场的局势是这样的，苏军在德军右翼陷入僵持，而德军在中部的反击虽然给苏第 1 坦克集团军以重创，但消灭苏军装甲部队的企图未能成功。

这对德军极为不利，曼施坦因原来的计划是先以两翼的部队拖住苏军，然后集中装甲部队先摧毁中部的苏军，再向左旋转，以一个两翼的攻势毁灭苏军的右翼。要实现这个目的首先要做到的是在苏军能收敛分散的部队和增援的炮兵和步兵赶上来前，先消灭苏军孤军深入的坦克部队，可是这个企图失败了。

也许从这时起，曼施坦因理解到这一仗输定了。不过他还有一线希望，也就是德军在其左翼计划中的由"大德意志"师为主导发动的反攻。

到 8 月 18 日，苏军对哈尔科夫的攻击被暂时阻止了，但德军为此付出了重大代价，防守哈尔科夫防线的德军各个师大多数只剩下团甚至营的规模，在该地的德军装甲部队第 3 装甲师只剩下 10 辆坦克，第 6 装甲师还有 4 辆坦克，第 905 和 228 独立强击火炮营分别只有 5 门和 17 门强击火炮。可见德军的防御能力已经到了极限，能否守住哈尔科夫将取决于德军在北部的反击是否能得手。

在战线北方，德第 4 装甲集团军从 13 日起建立了一条比较稳定的战线。从那时起德军就开始聚集兵力，准备反击。

第 4 装甲集团军司令霍斯的计划是：以第 52 军的第 88、75、68 步兵师和新到的第 112 步兵师以及第 11 装甲师和第 19 装甲师的余部继续抵挡苏军右翼第 40 和 38 集团军的攻击，同时以"大德意志"师，第 7 装甲师和新到的第 10 装甲掷弹兵师组成一个突击兵团，向东南方攻击苏第 27 集团军和第 6 近卫集团军并和南方的德第 3 装甲军汇合，从而达成从两翼包抄并消灭大量苏军的目标。

为了实现这个计划，霍斯面临的问题是他的部队经过长期的激战，已经受到了很大削弱，除了刚抵达的第 10 装甲掷弹兵师称得上齐装满员之外，"大德意志"师虽然一向得到优先补充，但现在兵力只有 46 辆坦克和 22 门强击火炮，第 7 装甲师只剩下 17 辆坦克，第 11 装甲师只有 6 辆坦克，此外附属给"大德意志"师的第 51 独立装甲营也只有 13 辆"虎"式坦克，虽然在最后几天德军极力对各个装甲师进行了补充，但不能从根本上解决问题。

这一次，瓦杜丁预料到了德军的反击，并且正确地估计到德军需要几天时间来补充部队，所以他决心发起一个先发制人的攻击以打乱德军的部署。

8 月 15 日，拥有 6 个步兵师和第 3 近卫机械化军的第 47 集团军在第 40 和 38 集团军之间占领阵地。于是，瓦杜丁命令该集团军于 17 日发起攻击。这次攻击将由苏军第 40 和 47 集团军的 10 个师的兵力，在 250 ～ 300 辆坦克支援下，攻击一段由德军 3 个步兵师防守的地段。

很显然，光靠当地的德军无法抵挡这样的攻势，而更重要的是苏军发起攻击的时间正好比德军早了一天。

这样，17 日 7 点，苏军在猛烈的炮火掩护下，迅速突破了德军第 68、57 和 112 步兵师的防线，苏军攻击的主力——第 47 集团军前进了 8 ～ 12 公里。

苏军的这次攻击给霍斯造成了一个两难的局面。他有两个选择，放弃计划中的反击，把手头的兵力投入北方，阻止苏军的突破，或者他可以暂时不管北方的局势，按预定计划发动反击，希望在他左翼的德军防守部队能在他消灭当前苏军之前守住防线。几经考虑，霍斯决心把赌注下在他左翼的德军能坚守足够久的情况下，按计划发动反击。

于是，8 月 18 日，出现了苏军和德军在不同方向上同时发动进攻的情况。德军以"大德意志"师为装甲矛头，第 7 装甲师担任左翼的掩护，第 10 装甲掷弹兵师负责德军的右翼，对东南方向发动一场强有力的打击，试图切断苏军第 27 集团军和第 6 近卫集团军的大量部队。同时德第 3 装甲军的"骷髅"师（39 辆坦克和 16 门强击火炮）在第 223 步兵师两个团的支援下，向北强渡穆拉河与南下的德军汇合。

而在这一个地段，尽管苏第 27 集团军部署了 5 个步兵师和第 93 坦克旅，但由于苏军的侦察工作做得十分马虎，对德军的攻击准备缺乏应对措施。

18日9点，在一阵猛烈的炮火和空袭后，"大德意志"师迅速在苏军防线上打开了一个缺口，并前进了12公里，苏军第57集团军的大量部队已经被切断。

好在朱可夫迅速地做出了决定：命令苏第6近卫集团军坚决阻止南部的德军"骷髅"师北上，第27集团军对南下的德军作坚决的逆袭，第1坦克集团军顶住当面德军。同时，将最高统帅部预备队库利克中将的第4近卫集团军投入战斗，首先阻止德军的进攻，然后再以强大的反击消灭德军。

这样，到18日终了时，尽管北方德军第4装甲集团军的部队在一个7公里宽的地段上突入苏军阵地24公里，但南方"骷髅"师强渡穆拉河的每一次企图都被苏第6近卫集团军瓦解，这为苏军集结兵力赢得了时间。

19日德军的攻击遭遇到苏军越来越顽强的抵抗，事实上第一支第4近卫集团军的部队第8近卫伞兵师和第7和第5近卫伞兵师已先后投入了战斗。当天17点30分，第8近卫伞兵师转守为攻，成功地突入"大德意志"师后方数公里，这有效地迟滞了德军的前进速度。于是，受到鼓舞的库利克将军下令于20日把整个第3近卫坦克军投入到这个地段。

20日，德军"骷髅"师的攻击终于有了一些进展，在苏第6近卫集团军第52近卫步兵师的防线上打开了一道狭窄的走廊，并与德第4装甲集团军的第10装甲掷弹兵师建立了联系，这样苏第166步兵师和第4近卫坦克军陷入了包围。虽然被围的苏军蒙受了重大损失，比如第166步兵师的第432步兵团只剩下了52个人，但德军也已经精疲力竭了。德军

▲ 苏军指挥员正在商讨作战事宜。

虽然包围了苏军却已无力消灭他们，被围的苏军坚守在他们的阵地上，直到 25 日苏军迫使德军解围为止。

同一天，苏第 4 近卫集团军发动了强大的反击，德军的攻势终于被阻止了。德第 4 装甲集团军的部队被渐渐地向北赶去，21 日苏第 4 近卫集团军沿着一条 18 公里宽的地段继续向德军攻击，但由于各个部队协调极差，苏军只能迫使德军后退，而不能击破他们，而且苏军本身也蒙受了很大损失，21 日晚，库利克下令终止了进攻。不久斯大林下令解除库利克的职务，并且直到战争结束，他再也没有得到过任何指挥军队的机会。

在德军的攻势逐渐瓦解的同时，苏军在北方的攻势却不断取得进展，苏第 38、47 和 40 集团军越来越深入德军后方。19 日苏军已攻抵普赛尔河畔，德军虽然不断发动逆袭但只能延缓而不能阻止苏军的突破。在激战中，德军第 11 和 19 装甲师合起来只剩下 13 辆坦克和 16 门强击火炮。形势越来越紧急，最终德军于 21 日被迫把第 10 装甲掷弹兵师和新抵达的第 34 步兵师以及有 31 门强击火炮的第 239 强击火炮营转移到苏军突破口，才再一次暂时稳住了战线。

而德军这一次反击的失败也就注定了哈尔科夫的命运。

与此同时，陷入苦战的科涅夫将军意识到，在德军依托极其完备的防御设施进行顽强抵抗的情况下，任何正面的进攻都很难取得成功。于是，他把进攻的主力放在右翼的第 53 集团军地段上。

科涅夫的计划是这样的：18 日，第 53 集团军绕过德军的防线，从德军左翼迂回，切断了哈尔科夫－波尔塔瓦铁路，断绝德军的后方交通。之后，从西部和西南部攻击哈尔科夫。与

▼ 库尔斯克地区到处是被苏军击毁的德军坦克和运输车。

此同时，第69、第7近卫、第57和第1近卫集团军将继续向当面的德军进攻，以阻止德军任何把兵力调往第53集团军突破口的企图。

18日下午4时45分，苏军的进攻开始了。在45分钟猛烈的炮击后，第53集团军的第一线部队第299、84和116步兵师从德第3装甲师和第168步兵师的结合部突破了德军防线。在这一天中，苏军前进了3公里，当第53集团军司令马那格洛夫将军发现初步达成了突破后，他立刻投入了二线的第252步兵师以加快苏军前进的速度。德军虽然发动了连续的逆袭，但未能阻止苏军的前进。

19日苏军已抵达哈尔科夫西部最后一道天然屏障——乌迪河北岸，并于20日成功地在河南岸建立了一个桥头堡。

为了帮助第53集团军扩大战果，科涅夫立即把第69集团军的第48步兵军转交第53集团军。同时苏第69、第7近卫、第1近卫和第57集团军也向当面的德军发动进攻，由于德军的顽强抵抗，苏军只能缓缓向前推进。局势至此已很明朗，哈尔科夫接近地的战斗结果将由第53集团军的攻势决定，一旦第53集团军形成突破，整个哈尔科夫城内的德军将陷入重围。由于曼施坦因已经下了放弃哈尔科夫的决心，所以对德军来说至关重要的是，不惜一切代价阻止苏第53集团军的突破，以保住德军撤退的通道。

20日，科涅夫终于盼来了他等待已久的好消息。朱可夫鉴于弗罗尼兹方面军的形势已经稳定，同意把第5近卫坦克集团军调往草原方面军，科涅夫立刻决定将其投入由第53集团军打开的突破口。

21日9点，第5近卫坦克集团军投入了战斗。但是，初始的攻击就极为不顺。首先，抵达乌迪河北岸时立刻陷入由一场大雨形成的泥泞中；其次，罗特米斯特洛夫惊讶地发现在乌迪河上并未架设好足以承受坦克的桥梁；最后，德军埋设的雷区竟然也没有清除，数辆坦克立刻被地雷炸毁。更糟糕的是德军发现了苏军的坦克，并马上集中炮火进行轰击，几分钟内，就有11辆苏军坦克起火爆炸。无可奈何下的罗特米斯特洛夫只好下令后退，第5近卫坦克集团军出其不意的效果已经丧失了。

第5近卫坦克集团军的退出使得突破德军乌迪河防线的任务落在第53集团军的身上。

冒着德军的猛烈炮火，苏第28近卫步兵师成功地扩大了河南岸的桥头堡，这使苏军于20日把第252和84步兵师运过河去。当晚一条载重60吨的浮桥架设成功，第5近卫坦克集团军终于在21日渡过了乌迪河。

为顶住苏军的进攻，曼施坦因把一切可以抽调的机动兵力都投入到苏军的突破口——防守哈尔科夫西部的第168和198步兵师、第3装甲师、德第2党卫"帝国"师和一个由42辆"豹"

式坦克和 8 门强击火炮组成的党卫军独立装甲营。于是从 22 日起，哈尔科夫西部的战斗达到了白热化的程度。

经过一天的苦战，第 5 近卫坦克集团军切断了哈尔科夫－波尔塔瓦铁路，但这时双方都已经精疲力竭了。近卫坦克集团军已经无力完成迅速从西部包围整个哈尔科夫守军的任务。

然而，虽然苏军从哈尔科夫西部包抄德军以切断其退路的企图未能成功，但由于德军把最后的预备兵力投入了该方向，苏军在其他的进攻方向上取得了越来越快的进展。22 日晚第 53 集团军的第 89 近卫步兵师和第 107 步兵师率先攻入哈尔科夫西城。23 日 2 点，苏第 69 和第 7 近卫集团军也攻入市区，这时德军开始了全面撤退。

残暴的德军在撤退前烧毁和炸掉了数百座漂亮建筑物，将城市洗劫一空，到处是一片废墟。

在一所医院所在的医疗门诊地区，法西斯匪徒杀害了约 450 名红军指战员伤员；在集中营，屠杀了 6 万余哈尔科夫人，15 万余人被运往德国。

黎明时分，炮声停息。苏军的步兵、炮兵列纵队向城里开进，牵引车、坦克车隆隆而过。哈尔科夫沉浸在欢腾的气氛之中。孩子们拿着花束从所有巷口迎面跑来。德国人的路标碎片砸落到沥青地上发出了"劈里啪啦"的声响。到处都有自发的群众大会，屋墙上出现了"亲爱的红军万岁"的标语。

8 月 23 日中午，哈尔科夫的法西斯德军被全部肃清。这也是自"巴巴罗萨"行动以来这所城市第 4 次也是最后一次易手。

攻下哈尔科夫后，科涅夫心情十分激动，他想亲自向斯大林报告这一消息。

电话先打给波斯克列贝舍夫，对方回答说

"斯大林同志在休息。我不能打扰他。"

科涅夫决定亲自打电话。第一遍铃声响过，不见回答，他要求女电话员说：

"再打一遍。后果由我负责。"

科涅夫终于听到了一个熟悉的、略带嘶哑的声音：

"我在听着呢……"斯大林在电话中说。

"报告斯大林同志，草原方面军部队解放了哈尔科夫市！"科涅夫的嗓音有些发颤。

斯大林的语调突然变得兴奋起来：

"祝贺你们！我们将按最高等级鸣放礼炮。"

科涅夫后来回忆说："斯大林在夜间工作后，通常在这个时候休息。我是知道这一点的。但是夺取哈尔科夫是极为重大的事件，以致我不能不亲自向他报告哈尔科夫战役的结束。"

当日晚，莫斯科向草原方面军将士鸣炮致敬，224门礼炮鸣放20响。悦耳的礼炮声在莫斯科上空久久回荡。

哈尔科夫的陷落标志着库尔斯克战役最终以苏军的胜利而告终。

长达2个多月的库尔斯克战役不仅演出了一场世纪坦克大会战，而且也是苏德空战的一个转折点。整个战争中，德军损失坦克近2,000辆，飞机损失达2,000多架。经库尔斯克一役后，德军元气大伤，再也无力阻止苏军前进。

被迫撤退的德军别无选择，曼施坦因也只能下令后退到下一道防线——第聂伯河，这是希特勒重新选定的"东方壁垒"。

为了阻碍苏军的前进，希特勒要求曼施坦因实行彻底的"焦土"政策。于是，在顿涅茨河与第聂伯河之间，一切可以被苏军利

▲ 曼施坦因在库尔斯克战场。这位德军名将也没能挽救德军失败的命运。

用的建筑物都被焚毁，一切公路、铁路、桥梁都彻底破坏，农作物被付诸一炬，水源被污染，粮食被强行征收，来不及带走的一律烧掉。此外，所有的牲畜、机械装置和所有"适合于服役年龄"的男子，也就是所有60岁以下的男子都被强行带走，这其中有许多人都死在路上。

之后，随着"鲁缅采夫统帅"行动的顺利进行，苏联中央方面军从库尔斯克发起进攻，将涅韦尔－奥廖尔一线已开始的攻击与南面"鲁缅采夫统帅"行动联系在一起。同时，西南方面军和南方方面军也在伊辛姆－塔干罗格战区对南方集团军群发起攻击。

到8月底，苏军的大部分方向都展开了战略反攻，一鼓作气要将德军赶过第聂伯河。

到1943年9月中旬，苏军的推进迫使南方集团军群撤过了第聂伯河。到12月中旬，德军只不过占据着基辅南部第聂伯河西岸的小块地域。之后，一场新的攻击即将发起，轴心国军队面临被赶出整个西乌克兰的噩运。再往后，整个东线就是苏军不停地进攻，德军不断地防御，直到苏军攻入柏林为止。

希特勒在东线的最后一次大反攻攻得厉害，败得也彻底。希特勒终于陷入了自己挖掘的坟墓中，从此不得翻身。

图书在版编目（CIP）数据

决战库尔斯克/二战经典战役编委会编译 . — 北京：
中国铁道出版社，2016.6（2022.1 重印）
（时刻关注）
ISBN 978-7-113-21668-9

Ⅰ．①决… Ⅱ．①二… Ⅲ．①库尔斯克会战（1943） —
通俗读物 Ⅳ．① E512.9-49

中国版本图书馆 CIP 数据核字（2016）第 066017 号

书　　名：**决战库尔斯克**		
作　　者：**二战经典战役编委会**		
责任编辑：田　军	电　话：（010）51873005	
编辑助理：曾山月		
装帧设计：艺海晴空		
责任印制：赵星辰		

出版发行：中国铁道出版社有限公司（北京市西城区右安门西街 8 号　邮编 100054）

印　　刷：永清县晔盛亚胶印有限公司

版　　次：2016 年 6 月第 1 版　　　2022 年 1 月第 2 次印刷

开　　本：787mm×1092mm　　1/16　印张：12　字数：300 千字

书　　号：ISBN 978-7-113-21668-9

定　　价：39.80 元